BERLINER TYPE 2004

¶
-› BERLINER TYPE_
Internationaler Druckschriftenwettbewerb
für Deutschland, Österreich und die Schweiz¶

Herausgeber
Kommunikationsverband e.V.
Pöseldorfer Weg 23
D-20148 Hamburg
Telefon: ++49 (0) 40.419 177 87
Telefax: ++49 (0) 40.419 177 90
E-Mail: info@kommunikationsverband.de
Internet: www.kommunikationsverband.de

Projektleitung und Gesamtkonzeption
Varus Verlag, Bonn. Birgit Laube

Fotografie
Daten der Preisträger und Autoren,
Digitalfoto Jochen Schreiner

Lithografie
Mirgel + Schneider
Medienmanagement GmbH

Druck
B.O.S.S Druck und Medien GmbH

Bindung und Veredelung
B.O.S.S Druck und Medien GmbH

Papier
Inhalt: Gedruckt auf UPM Finesse premium silk,
150 g/m². Ein Produkt von UPM.
Schutzumschlag: Sirio pearl graphite 350 g/m².
Ein Produkt von Fedrigoni Deutschland.

Verlag
Varus Verlag
Konrad-Zuse-Patz 1-3
D-53227 Bonn
Telefon: ++49 (0) 228.944 66-0
Telefax: ++49 (0) 228.944 66-66
E-Mail: info@varus.com
Internet: www.varus.com

Hinweis
Aussagen in den redaktionellen Beiträgen geben nicht unbedingt die Meinung von Herausgeber und Verlag wieder. Das Werk einschließlich aller seiner Teile ist urheberrechtlich geschützt. Jede Verwertung außerhalb der engen Grenzen des Urheberrechtsgesetzes ist ohne Abstimmung des Verlages unzulässig und strafbar. Dies gilt insbesondere für Vervielfältigungen, Übersetzungen, Mikroverfilmungen und die Einspeicherung und Verarbeitung in elektronischen Systemen.

Alle Rechte vorbehalten. © Varus Verlag 2006
ISBN 3-928475-80-0

Ihre Ansprechpartner zum Wettbewerb »Berliner
Type« (Ausschreibung, Kategorien, Jury, Termine):
»Berliner Type« – das Wettbewerbeteam O.E. Bingel
Im Tokayer 15, 65760 Eschborn
Telefon: ++49 (0) 61 73.608 606
Telefax: ++49 (0) 61 73.608 606
E-Mail: award@berliner-type.eu
Internet: www.berliner-type.eu

19%CYAN 95%MAGENTA 100%YELLOW 47%BLACK
-> VORWORT

0%CYAN 100%MAGENTA 0%YELLOW 0%BLACK
-> TRENDS

Werbeausgaben der Wirtschaft bestimmen den Trend
-> Dieter Ullmann, Bundesverband Druck und Medien e.V.

Print hilft – vor allem der Marke
-> Andreas Weber, Forum Wertvolle Kommunikation

Innovative Strategien helfen Märkte sichern
-> Birgit Laube, Varus Verlag

Rettet die KMUs!
-> Bernd Röthlingshöfer

Vom Schuster und seinen Schuhen
-> Renate Gervink

Printed here at the F1-Race track!
-> Inga Stracke, Pole Position Reports

Kunst, Kommerz und Kommunikation
-> Interview mit Pedro Anacker_Edgar Medien AG

Zielgruppengenaue Kommunikation mit Druckschriften
-> Dr. Annegret Haffa, Dr. Haffa und Partner PR

60%CYAN 30%MAGENTA 100%YELLOW 35%BLACK
-> AWARD

Zahlen und Fakten_
Ranking 2004_
Winner 2004_
Jury 2004_

5%CYAN 10%MAGENTA 100%YELLOW 15%BLACK
-> KAMPAGNEN

Gold_
Silber_
Bronze_
Diplome_

19%CYAN 95%MAGENTA 100%YELLOW 47%BLACK
-> ANHANG/REGISTER

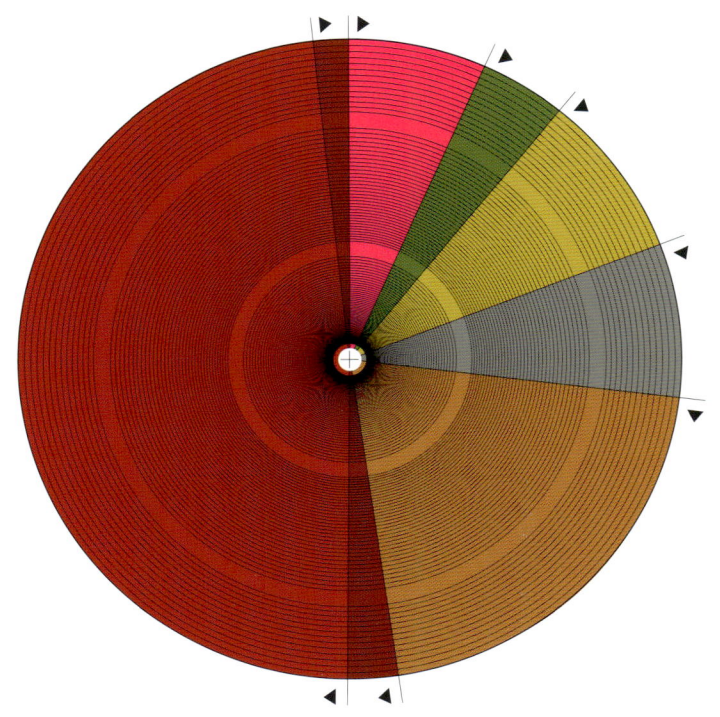

PROZENTUALE_VERTEILUNG_DES BUCHINHALTS¶

-› VORWORT   Seite 06-07
-› TRENDS   Seite 08-46
-› AWARD   Seite 47-57

   KAMPAGNEN¬

-› GOLD   Seite 58-69
-› SILBER   Seite 70-81
-› BRONZE   Seite 82-109
-› DIPLOM   Seite 110-151
-› ANHANG/REGISTER   Seite 150-159

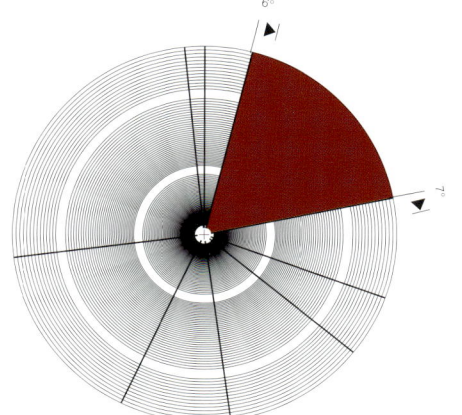

VORWORT → Seite 06-07

-> KLAUS FLETTNER¬
Präsident Kommunikationsverband e.V.¶

VORWORT
Klaus Flettner

Das Internet drückt,
aber Gedrucktes bleibt

© Varus Verlag

-› Das Internet drückt, aber Gedrucktes bleibt_

Bereits seit 1969 zeichnet der Kommunikationsverband im Rahmen der Berliner Type hervorragende Druckschriften aller Art aus. Ungefähr zur selben Zeit entstand im Auftrag des US-Militärs ein anderes, elektronisches Medium, das sich bis heute zu einem Massenphänomen entwickelte: das Internet. Gegenwärtig gibt es über 41 Millionen Internetanschlüsse in Deutschland. Fast jeder Zweite der 14- bis 49-Jährigen ist jeden Tag online.

Praktisch mit jedem neuen Internet-User wurde das baldige Ende gedruckter Kommunikation vorausgesagt und ebenso häufig widerrufen. Denn das gedruckte Wort hat trotz elektronischer Medien nichts von seiner Faszination verloren. Eine aktuelle Forsa-Studie hat gerade wieder bestätigt, dass eine verstärkte Nutzung des Internets nicht zu Lasten der Druckmedien geht.

Die fast 50 Gewinnerarbeiten in diesem Band zur 36. Berliner Type sind der beste Beleg, dass eine kreative und professionell hergestellte Druckschrift der Darstellung im Internet mit seinen engen gestalterischen Grenzen überlegen bleibt. Die Faszination einer Marke oder eines Produktes, das in Druckform erlebbar und sogar haptisch fühlbar gemacht werden kann, ist nach wie vor einzigartig.

Die Fachjury hatte wieder die Qual der Wahl unter weit über 200 Einreichungen, die in den Kategorien Konzeption, Text, Grafik-Design, Fotografie, Typografie, Reproduktion, Druck und buchbinderische Verarbeitung bewertet wurden.

Ihr besonderes Augenmerk richteten die Juroren in diesem Jahr auf Druckschriften, die nicht nur informieren, sondern den Leser auch inspirieren. Hier zählten beispielsweise eine emotionale Tonalität und eine ausdrucksstarke Bildsprache, die den Leser direkt ansprechen und an der jeweiligen inhaltlichen Inszenierung teilhaben lassen.

Beim gezeigten Niveau der Siegerarbeiten scheint eines sicher: Die wahre gestalterische Meisterschaft findet im Druck statt. Und die Koexistenz von Druck, Internet und anderen Medien ist die Zukunft.

Klaus Flettner

-› TRENDS

Seite 10-13
Werbeausgaben der Wirtschaft bestimmen den Trend
-› Dieter Ullmann, Bundesverband Druck und Medien e.V.

Seite 16-20
Print hilft – vor allem der Marke
-› Andreas Weber, Forum Wertvolle Kommunikation

Seite 22-24
Innovative Strategien helfen Märkte sichern
-› Birgit Laube, Varus Verlag

Seite 26-28
Rettet die KMUs!
-› Bernd Röthlingshöfer

Seite 30-32
Vom Schuster und seinen Schuhen
-› Renate Gervink

Seite 34-37
Printed here at the F1-race track!
-› Inga Stracke, Pole Position Reports

Seite 38-43
Kunst, Kommerz und Kommunikation
Interview mit Pedro Anacker, Edgar Medien AG

Seite 44-46
Zielgruppengenaue Kommunikation mit Druckschriften
Dr. Annegret Haffa, Dr. Haffa & Partner Public Relations

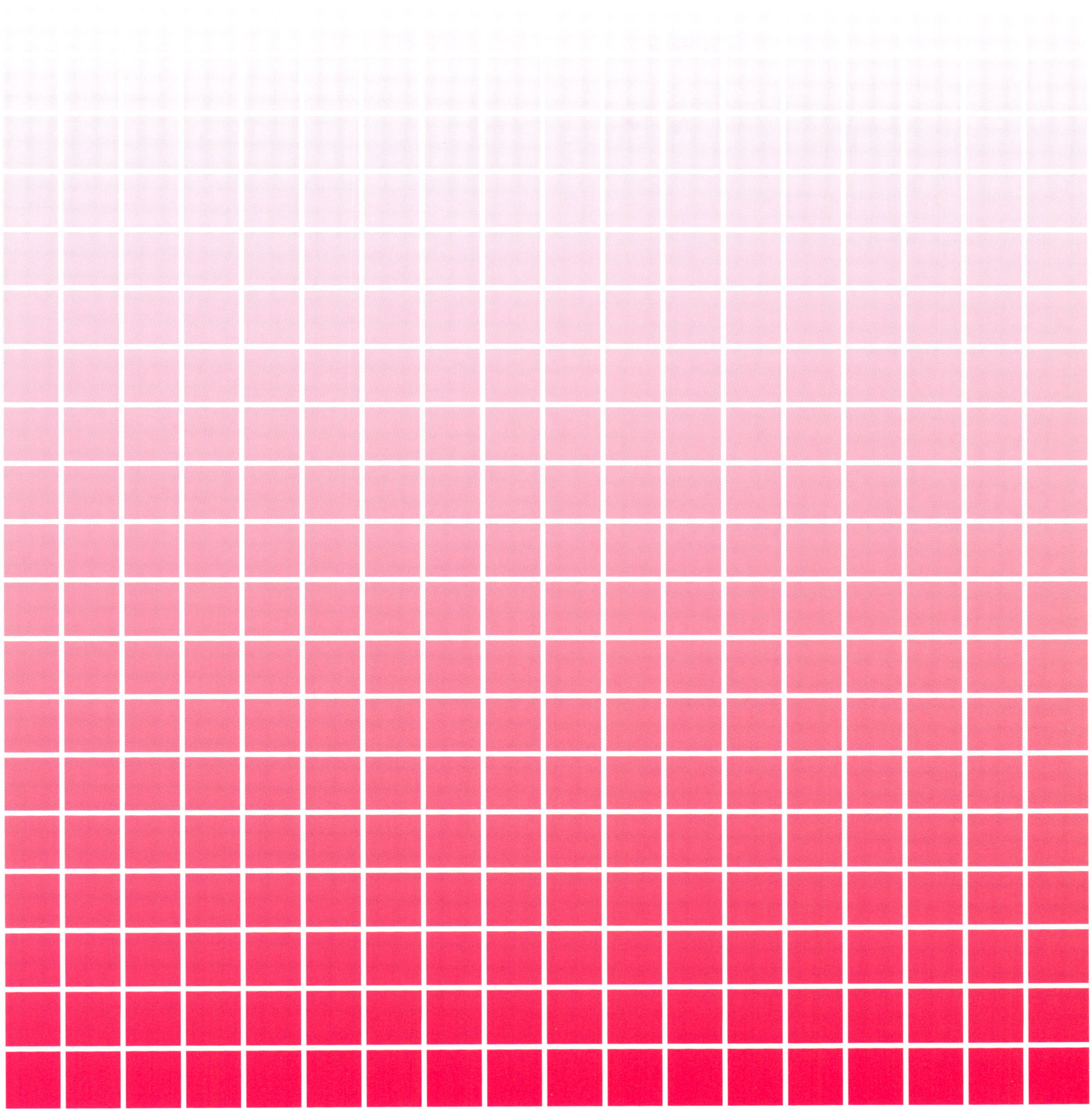

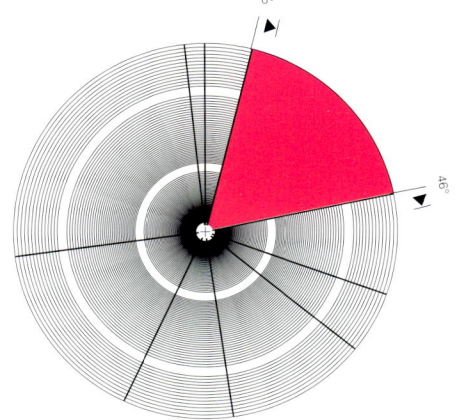
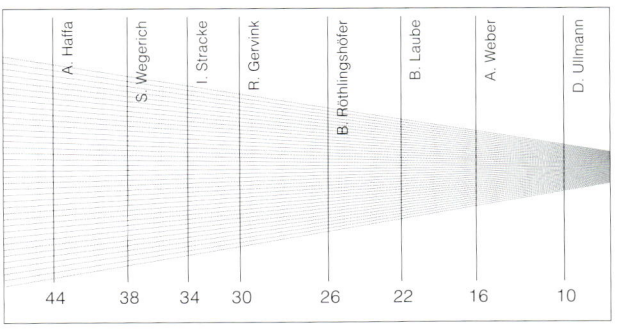

TRENDS

Dieter Ullmann

Werbeausgaben der Wirtschaft bestimmen den Trend

© Varus Verlag

- › DIETER ULLMANN¬
Diplomvolkswirt; Leiter der Abteilung Wirtschaftspolitik des Bundesverbandes Druck und Medien e.V., Wiesbaden¶

-> WERBEAUSGABEN DER WIRTSCHAFT BESTIMMEN DEN TREND_

Die wirtschaftliche Lage der deutschen Druckindustrie in Zahlen_

Die Druckindustrie ist Teil der Informations- und Kommunikationswirtschaft. Die Produkte und Leistungen der Druckindustrie begleiten nahezu alle wirtschaftlichen Vorgänge.
Die Entwicklung der Druckindustrie ist deshalb abhängig von den wirtschaftlichen und technischen Veränderungen der Informations- und Kommunikationswirtschaft. Die kurz-, mittel- und langfristige Entwicklung wird zudem maßgeblich durch gesamtwirtschaftliche Trends und Tendenzen bestimmt.
Zu den wichtigsten Determinanten zählen die Industrieproduktion, die Konsumausgaben der privaten Haushalte und die Werbeausgaben der Wirtschaft. Rund zwei Drittel des Umsatzes der Druckindustrie werden von den Werbeausgaben der Wirtschaft bestimmt. Die Druckindustrie ist deshalb unmittelbar vom konjunkturellen Auf und Ab des Wirtschaftslebens betroffen. Ein besonderes Kennzeichen der Druckindustrie ist also ihre hohe Abhängigkeit von konjunkturellen Veränderungen der Wirtschaft._

Talsohle überwunden_

In den Jahren 2001 bis 2003 hatte die Druckindustrie schwer unter der Krise des Werbemarktes und der langen Konjunkturflaute der deutschen Wirtschaft gelitten. Sinkende Umsätze und Erträge führten dazu, dass sich die Ausgaben für Investitionen binnen weniger Jahre nahezu halbierten. Tausende von Arbeitsplätzen mussten abgebaut werden._

Inzwischen hat die deutsche Druckindustrie die konjunkturelle Talsohle überwunden. Umsätze, Produktionstätigkeit, Kapazitätsauslastung und Erträge nahmen ab 2004 erstmals seit 2000 wieder zu. Nach einer zunächst ausgesprochen zögerlichen Aufwärtstendenz gewann der Erholungsprozess in der zweiten Jahreshälfte 2005 an Kraft und Breite, so dass die geschäftliche Situation gegen Jahresende erstmals seit fast fünf Jahren insgesamt ein nahezu befriedigendes Niveau erreichte._

Nach einem massiven Umsatzrückgang um 10 Prozent in 2001 bis 2003 erzielte die deutsche Druckindustrie im Jahr 2004 mit 1.750 Betrieben mit 20 und mehr Beschäftigten einen Umsatz von 16,5 Mrd. Euro, das sind nominal 0,7 Prozent und real (preisbereinigt) 2,3 Prozent mehr als im Vorjahr. Im Jahr 2005 stiegen die Umsätze der Betriebe gegenüber 2004 durchschnittlich um fast 3 Prozent, preisbereinigt wurde ein Zuwachs von gut 4 Prozent erzielt. Die Auslastung der maschinellen Kapazitäten lag trotz spürbarer Besserungstendenzen allerdings noch unter dem langfristigen Durchschnitt von 85 Prozent._

Positive Einflüsse auf die wirtschaftliche Entwicklung der deutschen Druckindustrie gingen auch von der seit 2004 verbesserten Werbekonjunktur aus. 62,4 Prozent des Umsatzes der Druck-Erzeugnisse entfielen 2004 auf die Produktion von Werbeträgern (Zeitungen, Anzeigenblätter, Zeitschriften, Adress-, Telefonbücher) und Werbemitteln (Kataloge, Plakate, Geschäftsberichte, Werbedrucke, Kalender). Die Umsätze mit werbeabhängigen Druck-Erzeugnissen nahmen 2004 gegenüber 2003 aber lediglich um 0,7 Prozent zu, nachdem sie in den drei Jahren zuvor insgesamt um 14 Prozent gesunken waren. Die gesamten Werbeausgaben der Wirtschaft stiegen 2004 um 1,3 Prozent – nach einem Rückgang um 17 Prozent in den Jahren 2001 bis 2003. 2005 legte der deutsche Werbemarkt weiter leicht zu, wovon auch die Druckindustrie profitierte. Endgültige Zahlen über die werbeabhängigen Erzeugnisse lagen bei Redaktionsschluss noch nicht vor._

Personalabbau schwächt sich ab_

Auf den lang anhaltenden Umsatz- und Ertragsrückgang hatten die Unternehmen der Druckindustrie mit einem deutlichen Abbau ihres Personalbestandes reagiert und damit letztlich auch ihre Ertragssituation verbessert. Im Jahr 2005 hielt diese Tendenz noch an, schwächte sich allerdings im Vergleich zu den Vorjahren merklich ab. Nachdem 2004 die Zahl der Beschäftigten noch um 4,5 Prozent gesunken war, ging sie 2005 nur noch um rund 2 Prozent zurück. Im Herbst 2005 kam es sogar vereinzelt wieder zu Personalaufstockungen.

Wende im Investitionsgeschehen_

Die verbesserte Geschäftslage löste in der Druckindustrie auch eine Tendenzwende im Investitionsgeschehen aus. Nach einem massiven Rückgang der Investitionen um 43 Prozent in den Jahren 2001 bis 2003 sind die Investitionen 2004 erstmals seit 2000 wieder gestiegen, und zwar gegenüber 2003 um 3 Prozent._
Für das Jahr 2005 wird mit einer weiteren Zunahme der Investitionen um gut ein Zehntel gerechnet._

-> Mittelständische Branche_
   (Hintergrundwissen)

Die Druckindustrie ist eine von Klein- und Mittelbetrieben geprägte Branche. Nach der Umsatzsteuerstatistik, die alle Unternehmen ab einem steuerpflichtigen Umsatz von 17.500 Euro erfasst, erzielten 2003 allein 84 Prozent aller 15.702 Unternehmen weniger als 2 Mio. Euro Umsatz. Nur 121 Unternehmen erzielten mehr als 25 Mio. Jahresumsatz; sie haben jedoch einen Marktanteil von 37 Prozent.¶

¶
Und 84,1 Prozent aller 11.912 Betriebe (Stand: 30. Juni 2004), die mindestens einen sozialversicherungspflichtigen Arbeitnehmer haben, beschäftigen nach Angaben der Bundesagentur für Arbeit weniger als 20 Personen. Mehr als ein Viertel aller Druckereien ist in die Handwerksrolle eingetragen. Unter den 11.912 Betrieben waren 319 Zeitungsdruckereien (mit 20.982 Beschäftigten), 8.808 andere Druckereien (mit 135.829 Beschäftigten), 1.627 Vorstufenbetriebe (mit 15.301 Beschäftigten) und 869 Betriebe der Druckweiterverarbeitung (mit 11.435 Beschäftigten) sowie 344 andere Betriebe (mit 2.850 Beschäftigten). Der Anteil an Kleinbetrieben ist bei den Vorstufenunternehmen mit rund 90 Prozent am höchsten.
Nur 2,5% aller Betriebe – zuletzt waren es 291 Einheiten – beschäftigen mehr als 100 Personen.
In diesen größeren Betrieben sind allerdings rund 40 Prozent aller Beschäftigten tätig. Bei diesen Betrieben handelt es sich vor allem um Zeitungsdruckereien, Tiefdruckereien, Rollenoffsetdruckereien und größere Bogenoffsetbetriebe.¶

¶
In der deutschen Druckindustrie ist bisher – im Gegensatz zur Kunden- und Lieferantenseite – eine zunehmende Tendenz zu größeren Einheiten statistisch noch nicht feststellbar.
Der Anteil der Betriebe mit weniger als 10 Beschäftigten hat sich bei einer seit Mitte der 90er Jahre sinkenden Gesamtzahl der Betriebe bei gut 70 Prozent gehalten. Dies gilt auch für den Beschäftigtenanteil, der derzeit 14,5 Prozent beträgt.¶

¶
Bemerkenswert ist auch einerseits die gestiegene Bedeutung der typisch mittelständischen Betriebe mit 20 bis 99 Beschäftigten, andererseits der sinkende Beschäftigtenanteil der Großbetriebe.¶

¶
¶
¶
¶
¶
¶
¶
¶
¶
¶
Quelle: bvdm¶¬

Weniger Pleiten_¶

Die Zahl der Insolvenzen in der Druckindustrie ist 2005 weiter zurückgegangen. Nach Schätzungen des bvdm waren es mit 286 Anträgen 6,5 Prozent weniger als 2004. Ihren traurigen Höhepunkt hatte die Druckindustrie im Krisenjahr 2003 mit 366 Insolvenzanträgen und einer Insolvenzhäufigkeit (Zahl der Insolvenzen bezogen auf die Zahl der umsatzsteuerpflichtigen Unternehmen) von 2,3 Prozent erreicht.¶

Ausblick_¶

Der Informations- und Kommunikationssektor ist und bleibt einer der wichtigsten Wachstumsmärkte in Deutschland. Allen Prognosen nach werden die weltweiten Gesamtausgaben für Information und Kommunikation weiter kräftig steigen – die Steigerungsraten werden langfristig über dem durchschnittlichen Wirtschaftswachstum liegen.
¶
Die Nachfrage nach Leistungen der Druckindustrie wird maßgeblich von den Werbeausgaben der Wirtschaft bestimmt. Trotz des Vordringens audiovisueller und elektronischer Medien fließen nach wie vor 80 Prozent der Werbeausgaben den gedruckten Werbemitteln und Werbeträgern zu. Damit bleibt auch im Internet- und Handy-Zeitalter die gedruckte Botschaft Basis jeglicher Kommunikation – zumal sich Qualität und Effizienz von Printprodukten ständig verbessern und den Markterfordernissen anpassen. Nur dort, wo elektronische Produkte dem gedruckten wirklich überlegen sind, wie beispielsweise bei der Recherche, werden diese die Printmedien nach und nach substituieren.
¶
Gleichzeitig gibt es aber auch viele Synergien zwischen gedruckten und elektronischen Medien. So stimuliert das Internet vieles an gedruckter Kommunikation, was früher gar nicht existierte. Auf der anderen Seite verschmelzen die gedruckten Erzeugnisse immer häufiger mit DVDs und Online-Diensten zu medienübergreifenden Informationsangeboten.¶¬

Geschäftslage und Kapazitätsauslastung der Druckindustrie

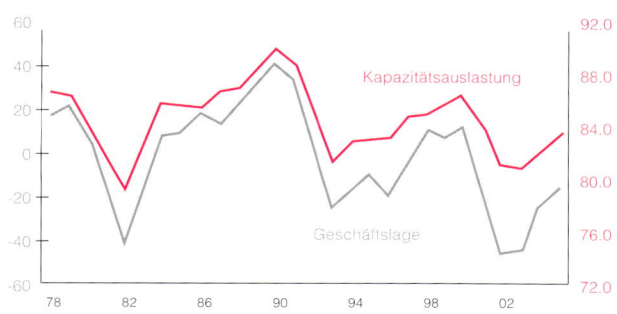

Die Kapazitätsauslastung in der Druckindustrie schwankt wegen der hohen Abhängigkeit von der Industriekonjunktur und den Werbeausgaben der Wirtschaft sehr stark. Der Auslastungsgrad weist eine enge Korrelation zur Entwicklung der Geschäftslage-Beurteilung auf. Die schlechte Entwicklung der Druckindustrie in den Jahren 2001 bis 2003 hat die Ertragskraft der Unternehmen deutlich geschwächt. Ab 2004 kam es wieder zu leichten Besserungen.

Geschäftslage der Druckindustrie

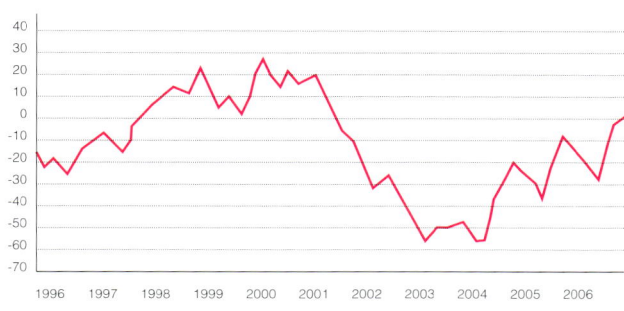

Der Saldo der Geschäftslage-Beurteilung gilt als Gradmesser für die Entwicklung der Betriebsergebnisse und ist deshalb einer der wichtigsten Konjunkturindikatoren. Die Geschäftslage der Druckindustrie hat sich seit Ende 2003 gebessert und sich – nach einigen Auf und Abs – zusehends von ihrem bislang tiefsten Stand entfernt. Das hohe Niveau des Boomjahres 2000 wurde allerdings noch nicht wieder erreicht.

Investitionen der Druckindustrie (in Mio. Euro)

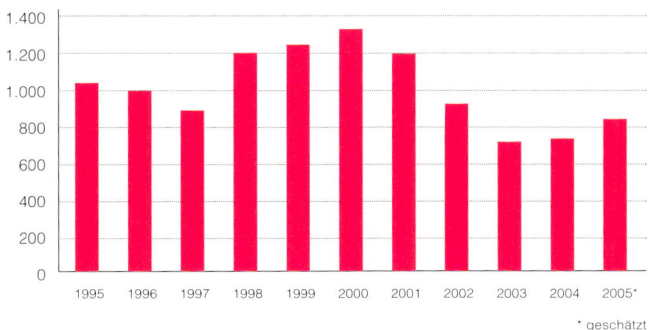

* geschätzt

Die verbesserte Ertragslage begünstigt auch die Investitionsfähigkeit und -tätigkeit der Druckindustrie. Nach mehreren Jahren rückläufiger Investitionen ziehen nun die Maßnahmen in die Modernisierung, Rationalisierung und Erweiterung wieder an.

Entwicklung der Werbeausgaben und der Umsätze der Druckindustrie (nominal, in % ggü. Vorjahr)

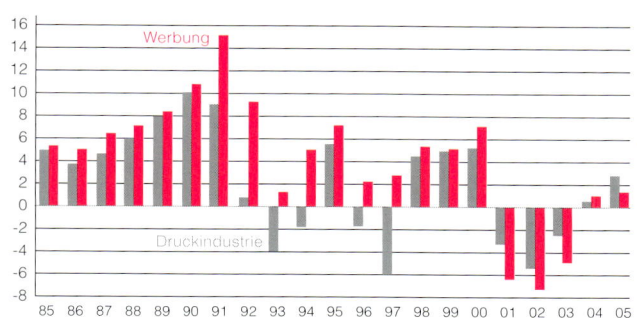

Die wirtschaftlichen Entwicklung der Druckindustrie hängt aufgrund des hohen Umsatzanteils von Werbeträgern und Werbemitteln entscheidend von den Werbeausgaben der deutschen Wirtschaft ab, die sich prozyklisch entwickeln. Nach einer dreijährigen Konjunkturkrise mit sinkenden Werbeausgaben und einem massiven Absturz der Druckkonjunktur hat sich die Wirtschaftslage der Druckindustrie bei leicht steigenden Werbeausgaben ebenfalls leicht erholt.

Umsatz nach Erzeugnissen (2005)

Druck-Erzeugnisse	Millionen Euro	Anteil in Prozent
Werbeabhängige Produkte	9.743	62,7
davon: Werbedrucke/Kataloge	5.683	36,6
Zeitschriften	2.020	13,0
Zeitungen/Anzeigenblätter	1.834	11,8
Adress-/Telefonbücher	126	0,8
Wandkalender	79	0,5
Geschäftsdrucksachen	2.049	13,2
Andere Bücher/Kartogr. Erzeugnisse	934	6,0
Bedruckte Etiketten	993	6,4
Taschenkalender/Karten	77	0,5
Sonstige Druckerzeugnisse	1.741	11,2
Summe	15.537	100,0

Nahezu zwei Drittel des Gesamtumsatzes mit Druckerzeugnissen entfallen auf werbeabhängige Produkte.

Betriebe und Beschäftigte der Druckindustrie nach Beschäftigtengrößenklassen (2005)

Betriebe mit … bis … Beschäftigten	Betriebe Anzahl	%	Beschäftigte Anzahl	%
1 bis 9	8.169	70,9	25.965	14,5
10 bis 19	1.494	13,0	20.379	11,4
20 bis 49	1.166	10,1	35.137	19,6
50 bis 99	405	3,5	27.264	15,2
100 bis 499	262	2,2	50.725	28,3
500 bis 999	21	0,2	14.035	7,8
1.000 und mehr	4	0,1	5.756	3,2
Gesamt	11.521	100,0	179.261	100,0

Alle Werte/Grafiken: Quelle bvdm

So bringen Sie Bewegung in Ihre Auftragsbücher: Die Modelle der neuen imagePRESS-Serie bahnen den Weg zu Neukunden und Zusatzgeschäft.

Mit 70 DIN A4-Farbseiten pro Minute ist die **imagePRESS C7000VP** das Produktionssystem für Print on Demand, größere Auflagen und personalisierte Druckjobs.
Die **imagePRESS C1** ist mit 14 DIN A4-Farbseiten in der Minute ideal für die Erstellung von Proofs und kleineren Auflagen.

Was die beiden Systeme vereint: Sie liefern Druckqualität, die selbst Offset-Verwöhnte überzeugt.

Für feurige Ideen in Sachen Demojobs:
www.canon.de/professional_print_event

Gewaltig: imagePRESS Digitaldruck der nächsten Generation

ANDREAS WEBER_PRINT HILFT – VOR ALLEM DER MARKE → Seite 16–17

TRENDS
Andreas Weber

Print hilft – vor allem der Marke

© Varus Verlag

-› ANDREAS WEBER¬

Andreas Weber bezeichnet sich selbst als Digital Lifestyle Evangelist. Er ist als Journalist, Buchautor, Redner, Moderator und Kommunikationscoach rund um den Globus aktiv. Andreas Weber hat über 2.000 Veröffentlichungen verfasst, die in bis zu 28 Sprachen übersetzt wurden.

Für seine journalistischen Arbeiten zum Thema »Print hilft – vor allem der Marke« erhielt der Autor auf der Drupa 2005 den Publizistik-Preis der Stiftung Druck- und Papiertechnik. Bitte beachten Sie auch den Beitrag des Autors in »Berliner Type, Jahrbuch 2003«, S. 8 ff.¶

-> PRINT HILFT – VOR ALLEM DER MARKE

Plädoyer für eine aktive Neu-Positionierung der Branche

Die Strukturveränderungen der letzten Jahre haben die Printbranche zunehmend in einem schlechten Licht erscheinen lassen. Print geriet im allgemeinen Ansehen auf die Verliererstraße und büßte immer mehr an Attraktivität ein. »Hippe« Kommunikationsformen wie Online-Werbung oder Mobile Marketing wurden als Heilsbringer profiliert und sind die angeblichen Gewinner.

Tatsache ist jedoch: Print ist nach wie vor die wichtigste Säule der Marken- und Produktkommunikation. Ohne Print geht nichts in der Markenwelt. Aber: Zuwenige sind sich der tatsächlichen Stärken von Print bewusst; insbesondere viele Kommunikationsprofis aus Unternehmen und der Agenturbranche scheinen die Tatsachen aus den Augen verloren zu haben.

Die – übrigens dramatischen – Turbulenzen in der Druckbranche beziehen sich überwiegend auf die Art und Weise, wie Print produziert wird. Die Produktion erfolgt heute durchweg digital, bis hin zur Direktbebilderung der Druckform. Beim Digitaldruck beispielsweise liegt nur noch eine virtuelle Druckform vor.

Print ist von der technologischen Seite her mittlerweile auf einem enorm hohen Niveau angekommen. Optimierungen im Herstellungsprozess und Automatisierungsmöglichkeiten entlang des kompletten Wertschöpfungsprozess eröffnen deshalb in vernetzten Kommunikationsszenarien vielen neuen Marktteilnehmern – bislang rein technisch nicht mögliche – Potenziale und interessante Geschäftsmöglichkeiten. Allerdings hat die Printbranche vernachlässigt, sich entsprechend zu positionieren. Und: Die frohe Botschaft aktiv zu kommunizieren.

Marken brauchen Print. Denn: Print wirkt!

Keine Frage: Marken sind das wichtigste Gut einer Unternehmung. Ihre Funktion ist quasi die eines »Containers für die unternehmerische Idee«. Marken sind jedoch kein Selbstzweck. Sie führen Angebot und Nachfrage zur Zufriedenheit aller zusammen. Deshalb gehört zum professionellen Markenmanagement neben ökonomischem Geschick ein starkes Bewusstsein für die Werte, die durch Marken geschaffen werden.

Print ist ebenfalls kein Selbstzweck. Print hilft der Markenkommunikation, weil es als bewährtes Medium facettenreich alle Sinne ansprechen und Menschen begeistern kann. Längst haben sich auf breiter Ebene Veredelungstechniken etabliert, die Druckprodukte aufwerten. Man denke nur an Geruchsstoffe, zum Beispiel für Parfüm-Marken. Print schafft per se Werte. Kein Medium ist durch die kulturelle Entwicklung der letzten 500 Jahre näher am Menschen dran als Print. Print ist somit ein Ur- beziehungsweise Initialmedium von strategischer Bedeutung für Wirtschaft und Gesellschaft.

Zahlreiche hochkarätige Beispiele belegen, dass seit mehreren Generationen etablierte Marken wie Persil, Coca-Cola oder Maggi durch Print dauerhaft eine starke Identität aufbauen konnten. Und selbst in der digitalen Welt hat Print seine Bedeutung nicht verloren: Amazon, AOL, ebay, Yahoo und andere konnten zwar über das Internet rasch eine hohe Bekanntheit erwerben. Eine Markenidentität wurde aber erst geschaffen, als die »Internet-Newcomer« über gedruckte Magazine und Anzeigen öffentlich in Erscheinung traten. Selbst Firmen wie Apple Computer, die den Digital Lifestyle prägen, setzen schwerpunktmäßig auf Print-Kommunikation: Großplakate und Anzeigen sowie ein hoch entwickeltes Verpackungsdesign hatten entscheidenden Anteil, um Apple's iPod, zum Verkaufsrenner zu machen.

Mehr Konfusion als Durchblick

Doch all diese Vorteile sind nicht automatisch im Bewusstsein der Auftraggeber (sprich der Markeninhaber) verankert. Dies belegen die Ergebnisse einer Umfrage, die die Heidelberg Print Media Academy in Zusammenarbeit mit dem Forum Wertvolle Kommunikation unter den Teilnehmer des 2. Marketing Dialogs Ende April 2005 durchführte (siehe Kasten 3).

Drei wesentliche Erkenntnisse lassen sich aus der Befragung für das Verhältnis Print und Markenkommunikation ableiten:

1. Print ist wichtig, muss sich aber neu positionieren!
2. Print wird strategisch nicht richtig eingesetzt!
3. Heute und Morgen gilt: Eine Welt ohne Printmedien ist nicht denkbar!

In diesem Zusammenhang ist auffällig, dass sich viele Marketing- und Werbespezialisten von kurzfristigen taktischen

Zielen leiten lassen und somit – allein infolge dieser Kurzfristigkeit – Print kaum oder überhaupt nicht als strategisches Medium beurteilen können. Print wird in der Werbebranche durchweg gleichgesetzt mit »Anzeige und Beilage in Zeitungen oder Zeitschriften« – ohne die Vielfalt der möglichen Akzidenzen (Drucksachen) oder gar die Bedeutung von Print als das Medium am »POS« zu berücksichtigen.
Die Folge ist, dass der Erfolg mit Print nur gemessen wird an dem, was Massenmedien zu leisten imstande sind – und hier schneidet Print oft allein deshalb nicht gut ab, weil Zeitungen oder Zeitschriften derzeit nur sehr eingeschränkte Möglichkeiten zur aktiven Responsegenerierung (und Ergebnismessung) erlauben.¶
¶
Der Nutzen und die Funktionalität der Print-Kommunikation geht jedoch weit über die Bedeutung von Zeitung, TV oder Radio hinaus: Fast jeder Kommunikationskanal wird von Print unterstützt. Dies gilt auch – und insbesondere – für die persönliche Kommunikation, die durch Print in Form von Visitenkarten, Flyern, Broschüren, Handouts etc. gestützt wird. Marken können auf Print zurückgreifen, weil Print die Glaubwürdigkeit des Gesagten enorm verstärkt. Das Fachkürzel »POS« könnte somit nicht nur die Abkürzung für »Point of Sales«, sondern im Zusammenspiel mit Print auch »Point of Success« bedeuten.¶

Print wird im Digitalzeitalter nicht wirkungslos_¶

Wir müssen uns Folgendes bewusst machen: Print ist unersetzlich und bietet enorme Vielfalt, um Marken zu »machen« und nachhaltig erfolgreich zu inszenieren! ¶
Die Print-Branche ist allerdings gefordert, ein klares Profil zu entwickeln und Print selbst als Marke zu positionieren. Nur so kann man dem Trend entgegenwirken, dass elektronische Medien überbewertet (und Print unterbewertet) werden.¶
Dazu ist aber ein Umdenken nötig. Print lebt nicht – wie viele

Gelungenes Beispiel für die Positionierung von Print als Marke: Die mehrfach prämierte VDZ-Kampagne »Print wirkt.«.

Print-Fachleute glauben – von Insider-Diskussionen über Verfahrenstechnologien, sondern von der unerschöpflichen Kraft seiner Wirkung und seiner unschlagbaren Funktionalität! Gute Ansätze, dies über Branchengrenzen hinweg zu kommunizieren gibt es seit Jahren. ¶

Beispiel 1: Der VDZ (Verband Deutscher Zeitschriftenverleger) kreierte die seit Jahren erfolgreiche Kampagne »Print wirkt«. Anhand von Anzeigenmotiven wird hier der Wiedererkennungseffekt von Marken vorgeführt, selbst wenn Texte, Logos und Claims fehlen. ¶
Beispiel 2: »Passion for Print«, die Image-Kampagne der Heidelberger Druckmaschinen, wird seit Jahren konsequent in der Kommunikationsarbeit des weltweit agierenden Konzerns ausgebaut. ¶

Solche Initiativen einzelner Player im Markt weisen den Weg. Sie sollten von vielen im Dienst der gemeinsamen Lobby-Arbeit für Print unterstützt werden. Aber: Ein wirksames Gattungsmarketing für Print ersetzen diese Einzelaktivitäten nicht. Hierzu ist notwendig, viele andere Marktpartner einzubeziehen, etwa aus dem Bereich der Druckvorstufentechnologie, des Papiers, der Verbände usw. ¶
Erfolgreiche Beispiele aus anderen Genres, an denen man sich orientieren könnte, gibt es in ausreichender Zahl. Und was für die Stahl-, Diesel- oder Milchbranche gut ist, sollte auch für Print funktionieren! ¶

Lichtblick: Werbeagentur-Branche denkt um_¶

Seit Jahren belegt der Druckschriftenwettbewerb »Berliner Type«, welche hohe Qualität mit Print erreicht werden kann, wenn man die modernen Produktionstechnologien gekonnt einsetzt. Die prämierten Druckstücke können sich auf internationalem Niveau als Benchmark profilieren. ¶
Seit neuestem unternimmt in Ergänzung dazu auch die Werbeagentur-Branche Anstrengungen im Sinne »pro Print«. So vergibt seit Juni 2005 der GWA Gesamtverband Kommunikationsagenturen den »GWA Production Award« (vgl. www.gwa.de). Anders als bei der »Berliner Type« liegt hier der Schwerpunkt aber nicht auf Qualitätsaspekten in der Umsetzung; bewertet wird vielmehr vor allem die Komplexität des Produktionsmanagements.
Support erhalten die Printproduktioner übrigens von innovativen, vorausschauenden Dienstleistern. »Wir entwickeln für unsere Kunden aus dem Werbe- und Markenbereich neuartige Produkte, indem wir die Synergie von Papier- und Digitalmedien voll ausschöpfen«, erklärt Erich Thomanek, Vorstandschef der Alpha Print Medien AG, Darmstadt. Die Individualisierung von Massenauflagen im Druck gehöre ebenso dazu wie die Verknüpfung von Online- und Print-Kommunikation. ¶
Das sind sicher ganz neue Töne für die Jünger Gutenbergs. Mögen sie in den Ohren von Markenfachleuten auf der Suche nach wirkungsvollen Kommunikationsformen auf Gehör stoßen! Denn, so kann man als Schlussfolgerung formulieren: »Jede Marke scheitert ohne Print und gewinnt mit Print!« ¶¬

Print neu definiert_¶
gemäß Anforderungen der Markenkommunikation_¶

Welche zielführenden Ideen verwirklichen Marken bzw. leiten Print?_¶
- → kommunizieren
- → dokumentieren
- → archivieren
- → transportieren
- → organisieren
- → navigieren
- → kultivieren, sozialisieren
- → kommerzialisieren
- → motivieren, inspirieren, informieren
- → emotionalisieren, aktivieren

Print als Marke_¶
Erste Ideen für eine Gattungsmarketing-Kampagne_¶

Markenpositionierung_Print als ständiger Begleiter ist unverzichtbar für alle Menschen, um ihr Leben erfolgreich(er) zu gestalten

Markenwerte_›begreifbar‹, nachhaltig wirksam, kulturell wertvoll

Markenversprechen_Print macht Marken-Kommunikation wertvoll und ermöglicht Ideen erfolgreich und nachhaltig umzusetzen

Vision & Mission_Print als wichtigster Helfer für Marken und Menschen gewinnt in einer digital vernetzten Welt an Bedeutung, wenn es strategisch richtig eingesetzt wird

Leitbild_Print ist wie Wasser und Luft eine Lebensnotwendigkeit!

Operationalisierung_Interaktive Kampagne, um das kreative Potenzial von Print als Marke im Bewusstsein der Menschen zu verankern!

Copyright und Quelle (beider Texte): Andreas Weber, Forum Wertvolle Kommunikation

Print gewinnt!_¶

Welche Rolle spielen Printmedien künftig für die Marketing-Kommunikation?_¶
- 7,2 % Printmedien werden ihre Dominanz noch steigern
- 2,9 % Printmedien verlieren zunehmend an Bedeutung
- 89,9 % Printmedien positionieren sich neu innerhalb integrierter und vernetzter Kommunikationsszenarien

Quelle: PMA, Marketing Dialog, Forum Wertvolle Kommunikation, Stand April 2005. Basis: 89 Teilnehmer, davon 76% aus Marketing/Kommunikation, 11% Print-Produktion, 13% Sonstige (Design, Werbung, Produktionsmanagement); Auszug aus der Umfrage

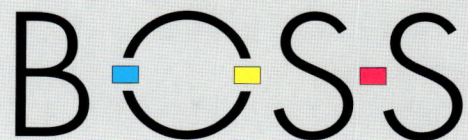

ZUNÄCHST IST ES NUR EIN LEERES BLATT PAPIER ...

... anschließend Ihr fertiges Printprodukt.

Tragen Sie Ihre Ideen nicht länger mit sich herum – lassen Sie Ihre Einfälle umsetzen! Wir beraten und betreuen Sie gerne vom Auftragseingang bis zum fertig konfektionierten Versand. Profitieren Sie von unserem technischen Know-how und unserer langjährigen Erfahrung in der Druck- und Medienbranche.

Alles unter einem Dach

Wir erledigen für Sie die vollständige Produktionsplanung. Ob Beratung, Datenaufbereitung, Gestaltung, Druckformherstellung, Drucken, Binden, Heften, Stanzen oder Versand – jeder einzelne Arbeitsschritt unter einem Dach. Nutzen Sie unsere umfangreichen Dienstleistungen. Sparen Sie sich dadurch Zeit, Kosten und redundante Absprachen.

Fordern Sie uns heraus!

B.o.s.s Druck und Medien GmbH

Postfach 10 0154
47561 Goch
von-Monschaw-Straße 5
47574 Goch

Telefon (02823) 92998-0
Telefax (02823) 92998-99
E-Mail info@boss-druck.de
Internet www.boss-druck.de

→ BIRGIT LAUBE
Verlegerin Varus Verlag

TRENDS
Birgit Laube
Innovative Strategien helfen
Märkte sichern

INNOVATIVE STRATEGIEN HELFEN MÄRKTE SICHERN_

»Strukturwandel bezeichnet einen stetigen Prozess der Veränderung wirtschaftlicher Produktionsfaktoren und der Zusammensetzung des gesamtwirtschaftlichen Produkts einer Volkswirtschaft. Er beschreibt langfristige Entwicklungen, die unabhängig von Konjunkturzyklen und saisonalen Schwankungen eintreten.
Wie kaum eine andere Branche ist die Druckbranche vom Strukturwandel geprägt und im Umbruch begriffen.«

(Andreas Weber in: Berliner Type, Jahrbuch 2003, S. 8 ff.)

Die Brisanz der Entwicklung und die aktuelle Bedeutung des Themas für die Druckbranche auf der einen Seite und die – trotz allen Wehklagens – bestehenden Optionen und Perspektiven auf der anderen Seite waren Anlass, dem strategischen Aspekt des Themas »Innovation in der Druckbranche« einen eigenen Schwerpunkt in der vorliegenden Dokumentation zum Internationalen Druckschriftenwettbewerb »Berliner Type« zu widmen. Diese inhaltliche Ausrichtung wird unterstützt durch eine auf das Thema »Druck« ausgelegte Gestaltung.

Die nachfolgenden Beiträge zeigen auf, in welch' vielfältiger Weise Unternehmen die an sie gestellten Herausforderungen bewältigt haben, und sollen Mut machen, sich den mit der Umsetzung von Innovationen verbundenen Anforderungen zu stellen.

Sie widerlegen, dass Qualität nur eine Sache des Geldes ist, zeigen Wert und strategische Optionen von Drucksachen auf und verdeutlichen, dass ein gewandeltes Selbstverständnis vom (Druck-)Dienstleister zum Lösungsanbieter nur dann funktioniert, wenn es nicht bei der bloßen Forderung nach »effektivem Management« und »neuer Unternehmensführung« bleibt, sondern die aktive strategische Neuorientierung des Unternehmens auch von den Mitarbeitern konsequent gelebt wird

Durchdachte Geschäftsmodelle und sinnvolle Unternehmensstrategien_

Viele Druckereien wissen schon lange, dass es für erfolgreiche Geschäftsmodelle nicht mehr ausreicht, Drucken auf »Besitz und Beherrschen von Technologien« zu reduzieren. Sie haben neue ganzheitliche, auf den Kunden ausgerichtete Lösungen und Anwendungen entwickelt und neue Wege im Marketing beschritten.

Das heißt nicht, dass nicht nach wie vor unternehmerischer Mut erforderlich wäre, sich technischen Innovationen zu stellen und diese einzusetzen. Ein gutes Beispiel dafür ist der Bereich »Print on Demand«. Dieser bietet heute – nach vielen Jahren Entwicklungsarbeit – nicht nur effiziente, sondern auch qualitativ durchaus konkurrenzfähige Lösungen, wenn kleine Zielgruppen oder mit großer Unsicherheit behaftete Nachfragemärkte bedient werden sollen, bei denen bisher das finanzielle Risiko einseitig beim Anbieter lag.

Dies gilt auch für den Bereich »Binding on Demand«, in dem Pioniere wie z.B. die schweizer Buchbinderei Burkhardt heute technische Lösungen mit einer für den jeweiligen Anbieter gut kalkulierbaren Kosten-Nutzen-Risiko-Relation bieten.

Viel entscheidender als die technische Seite ist aber der strategische Aspekt – also die Überlegung, in welchem konkreten Anwendungsfall und in welcher konkreten Form gerade das Medium Papier bzw. die Drucksache strategische Vorteile gegenüber anderen Trägern (Medien) haben könnte.
Dann nämlich kommt ihr (der Drucksache) ein besonderer, nicht austauschbarer Wert zu, ein besonderer Nutzen für den Absender oder den Empfänger. Für den jeweiligen Lösungsanbieter wiederum – die entsprechenden zeitlichen und technischen Konstellationen vorausgesetzt – bietet sich damit die Gelegenheit, sich aus dem aktuellen (und meist ruinösen) Preiskampf zu befreien.

Drucksachen als strategisches Medium erkennen_

Drucksachen haben den Vorteil, dass sie – neben der traditionellen Aufgabe, Information zu vermitteln – in einer ganz spezifischen Weise Beziehungen aufbauen und Dialogmöglichkeiten stiften können. Sie erlauben Menschen, Branchen und Organisationen, eine besondere Wertschöpfung in der Kommunikation zu betreiben: Eine, bei der speziell das Medium Papier – mit der ihm eigenen Optik, Haptik, und Transportabilität und seinem Vorzug einfacher Schnittstellen – Vorteile (gegenüber anderen) bietet.

Beispiele dafür, dass Drucksachen in Zeiten der Internetnutzung nicht abgemeldet sind, sondern sehr bewusst für immer speziellere Zielgruppen und Einsatzzwecke genutzt werden, gibt es zuhauf: So demonstrierten vor ca. 15 Jahren die so genannten EdgarCards in einem beispiellosen und bis heute anhaltenden Erfolgsfeldzug, dass Drucksachen – allen Unkenrufen zum Trotz – auch in sehr schwierig zu ereichenden Zielgruppe völlig neue Dialogoptionen ermöglichen.

Für den Bereich Corporate Publishing könnten die so genannten Newspapers on Demand als Vorbild dienen: Dank international standardisierter Formate für den Datenaustausch und -transfer kann man sich schon heute am Flughafen oder im Hotel auf einem normalen Drucker sein muttersprachliches (deutsches, japanisches, spanisches oder französisches) Leib- und Magenblatt oder Magazin ausdrucken lassen – und dieses u.U. bereits im Flugzeug lesen, während die betreffende Zeitung im Ursprungsland noch nicht einmal ausgeliefert ist! Angesichts erheblicher Frachtkostenersparnis und nachweisbaren Vorteilen im Bereich Kundenbindung sind Lösungen dieser Art trotz der damit verbundenen Lizenzkosten sowohl für contentanbietende Verlage als auch für Service-Anbieter interessant.

Im Bereich Reiseliteratur – so erstmals im Juni 2006 von Canon Deutschland und dem Verlag MairDumont präsentiert – können sich Interessenten heute schon – je nach bevorzugter Stadt und Freizeitgestaltung – „individualisierte Reiseführer" nach ihren ganz persönlichen Vorlieben zusammenstellen.

Und dass man selbst in sehr »schnellen« Umfeldern aktuell noch mit neu entwickelten Drucksachen punkten und interessante Imagegewinne einfahren kann, beweist u.a. das »Red Bulletin« – die einzige Zeitschrift am »Formel-1-race track«, mit der Verleger und »Mr. Red Bull« Dietrich Mateschitz ebenso neue wie ungewöhnliche Wege in der PR beschreitet.

Wir wünschen unseren Lesern viel Spaß bei der Lektüre!

Birgit Laube
Verlegerin

TRUE LIFE! ON UPM FINESSE.

Was auf einem Druckpapier trist und reizlos wirken mag, kann auf einem anderen unwiderstehlich frisch und appetitlich aussehen. Testen Sie UPM Finesse – ein Feinpapier, das durch seine gleich bleibend perfekte Oberfläche überraschend natürliche und lebensnahe Druckergebnisse erlaubt. Kurz: Druckergebnisse true-to-life! Vorgeschmack gefällig? Bestellen Sie gratis die Broschüre »True life!« und erleben Sie Druck- und Veredelungstechniken, bei denen das Wasser im Mund zusammenläuft.

Eine E-Mail mit Ihrer Postadresse genügt:
upm.finesse@upm-kymmene.com

UPM Finesse

TRENDS
Bernd Röthlingshöfer
Rettet die KMUS!

-> BERND RÖTHLINGSHÖFER¬
Texter, Kontakter, Kreativdirektor und Geschäftsführer in Werbeagenturen; Chefredakteur der WerbePraxis aktuell. Der Autor mehrerer Bücher (u.a. »Werbung mit kleinem Budget«, »Marketeasing – Werbung total anders«) arbeitet heute als Berater, Trainer und Business-Speaker in Sachen Werbung. Ideen, Tipps und Randnotizen zur Werbung hält er in seinem Weblog »...und jetzt zur Werbung« fest. (http://berndroethlingshoefer.typepad.com)¶

-› RETTET DIE KMUS!_

Ein Plädoyer für Idee statt Budget_

Stellen Sie sich vor, Ihr Bäckermeister, bei dem Sie morgens die Brötchen und nachmittags die süßen Stückchen holen, hätte sich in eine Ausstellung der Berliner Type verirrt.

Wir unterstellen, er hätte ein Faible für gute Gestaltung und eine Nase für Qualität. Er wäre beeindruckt von der edlen Anmutung der Geschäftsberichte, der perfekten buchbinderischen Verarbeitung von Broschüren oder Büchern, der brillanten Wiedergabe von Fotografien und den neuesten Effekten der Oberflächenveredler.

»Schön, schön« würde er sagen. »Alles sehr schön hier. Aber leider nichts für mein kleines Budget.«

Was die Frage aufwirft, ob es tatsächlich eine Stange Geld kostet, Qualität zu produzieren. Sind gestalterische Qualität, haptische Anmutung, verarbeitungstechnische Raffinesse mit kleinem Budget nicht machbar?

Doch. Denn Qualität entsteht schließlich nicht, weil man die teuersten Papiere der Welt, die aufwändigsten Druckverfahren und die kostspieligste Bildbearbeitung einsetzt.
Qualität entsteht, weil gute Leute einen guten Job machen. Und deshalb liegt die Vermutung nahe, dass derjenige der heute einen Preis für den besten Geschäftsbericht einstecken konnte, morgen vielleicht die tollste Brötchentüte der Welt gestalten kann. Wenn er will.

Im vorgerückten Internet- und SMS-Zeitalter, neigen manche dazu – manchmal in akquisitorischer Absicht –, die Printerzeugnisse in eine Ecke zu stellen. Zu teuer. Zu alt. Zu wirkungslos.

Doch zu teuer ist nur, was den Zwecken des Kunden nicht dienlich ist. Und darauf haben die Kreativen und Konzeptioner selbst zu achten. Indem sie beweisen, dass jedes von ihnen vorgestellte Werbemittel der beste Weg zum Ziel ist.

Idee. Ohne Idee ist alles nichts. So nützt es nichts, einen schlappen Entwurf unter eine originelle Stanzform zu legen. Ein Bild, das niemand sehen will, wird durch Glanzlack auch nicht besser. Ein gutes Logo, sagte mal einer, muss so gut sein, dass man es mit dem nackten Fuß in den Sand zeichnen kann. Wenn nicht, brauchst du es auch nicht zu prägen.

Was ist über gute Ideen noch zu sagen? Dass sie im Dienste des Kunden und seiner Produkte und Dienstleistungen stehen müssen.

Ansonsten sind Ideen verdammt schwer zu produzieren, aber leicht zu erkennen. Sie sind mehr als einleuchtend. Sie stehen glasklar vor einem. Sie begeistern. Und kommen ohne Fußnoten und anderes erklärendes Beiwerk aus.

Aktivierung. Ohne Aktivierung ist Werbung nur Kunst. Ästhetisch zweckfrei und damit für die Beteiligten am Wirtschaftsleben sinnentleert. Werbung muss aktivieren – zum Hingucken, zum Lesen, zum Kaufen, zum Weitersagen.

Auch da sollten die Werbeleute die Aktivierungsfunktion nicht den vermeintlich stärkeren Medien wie TV oder Internet überlassen. Gute Printprodukte haben ein starkes Potenzial ihre Leser und Betrachter zu aktivieren. Sie haben die Brillanz von Farben, den Duft und das Rascheln von Papier und das haptische Vergnügen, das Bildschirme nicht bieten können – oder hatten Sie schon einmal das Bedürfnis, Ihre Glotze außer zum Abstauben zu berühren? Vernetzung. Es ist übrigens nicht verboten, sich die Eigenschaften der anderen Medien zunutze zu machen. Warum nicht durch ein gelungenes Printprodukt die Menschen auf die Homepage ziehen, an einem Event teilhaben lassen und dort einen Dialog fortführen, der seinen Auftakt in einer gut getexteten Unternehmensbroschüre hatte? Printerzeugnisse sind keine Stand-Alone-Produkte, sondern spielen die Rolle im Medienmix, die man ihnen zuweist.

Neulich habe ich einen TV-Spot gesehen, der an entscheidender Stelle abbrach. Das Ende gab's im Internet. Die Stärken beider Medien wurden so perfekt vereint. Auf dem großen Bildschirm ging es um Faszination, auf dem kleinen um Interaktion.

Natürlich können auch Printerzeugnisse ganz hervorragende Geschichten erzählen, die auf ein Happy End warten. Fortsetzung folgt: auf der Homepage, im elektronischen Shop oder am Point of Sale.

Idee. Aktivierung. Vernetzung: Was hat das mit Geld zu tun? Gar nichts. Deshalb zurück zur Überschrift und jetzt mein Appell an die Werbebranche.¶
¶
Rettet die KMUs! Die kleinen und mittleren Unternehmen in Deutschland meine ich. Das sind die mit dem kleinen Budget. Das sind die, die denken, dass große Werbung nur großen Budgets vorbehalten ist. Beweist ihnen das Gegenteil! In ihrer Verzweiflung suchen sie nach Praktikanten mit DTP-Kenntnissen, fotografieren ihre Werbefotos eigenhändig mit 2 Megapixel-Digitalkameras und lassen sich Anzeigen aus Schablonen und Templates zusammenbauen. Das klingt billig (und sieht auch so aus!). Wird aber auf Dauer richtig sauteuer. Weil es ihren Zwecken nicht dienlich ist.¶

Gute Werbung hat nichts mit Geld zu tun. Sie zeichnet sich dadurch aus, dass ein paar gute Leute das Richtige getan haben. Wer gut ist, will immer gut sein. Kaum anzunehmen, dass ein Top-Werber seine Kreativität ausknipst, wenn es um Handzettel, Brötchentüten oder ein Corporate Design für den Handwerker nebenan geht. Auch Kochpapst Paul Bocuse macht hervorragende Bratkartoffeln.¶
¶
¶
¶
¶
¶
¶
¶¬

Colormanagement: Keine Produktionssicherheit bei digitalen Fotos?

Die Problemlösung Print**FOTO** MIRGEL+SCHNEIDER bietet Ihnen jetzt Farbverbindlichkeit für alle Anwendungen von der Digitalfotografie bis zum Druck

Das Ausgangsbild:
Digitales Fotomaterial im sehr großen RGB-Farbraum

Deutlicher Qualitätsverlust:
CMYK-Profilseparation in den viel kleineren Druckfarbraum

Ergebnis der CMYK-Separation mit dem PrintFoto-Workflow –
originalgetreue Farbdarstellung

Sie als Profi kennen das Problem: Unterschiedliche Systeme haben unterschiedliche Farbräume – seien es nun Digitalkameras, Bildschirme, Proofsysteme oder die Druckwiedergabe. Das bedeutet: Soll die Produktion reibungslos funktionieren, muss mit Farbprofilen gearbeitet werden, die die Charakteristik der einzelnen Produktionsverfahren berücksichtigen und auf das jeweilige Endgerät ausgerichtet sind.

Bei der Separation von digitalem Fotomaterial mit großem Farbraum (RGB) in den kleineren Druckfarbraum (CMYK) kann es auch unter Einsatz von Farbprofilen zu Qualitätsverlust kommen.

Hier bietet das Mirgel+Schneider Print**FOTO** eine innovative Lösung. In unserem standardisierten Workflow sorgen dabei schrittweise durchgeführte Korrekturen in verschiedenen Farbräumen für eine optimale Farbdarstellung Ihrer Bilddaten in allen Druckverfahren und Non-Print Anwendungen. Das bedeutet: Weniger Handlingaufwand, geringere Kosten und bessere Qualität.

Neugierig? Überzeugen Sie sich von Print**FOTO** **und unserem professionellen Fotostudio mit einem Probeauftrag!**

Ein Produkt von:
MIRGEL+SCHNEIDER
MedienManagement

In der Raste 10 · 53129 Bonn · Tel.: 0228/53995-0
www.mirgel-schneider.de · info@mirgel-schneider.de

RENATE GERVINK_VOM SCHUSTER UND SEINEN SCHUHEN → Seite 30-31

TRENDS
Renate Gervink
Vom Schuster und seinen Schuhen
© Varus Verlag

-> RENATE GERVINK¬
Fachjournalistin¶

-> VOM SCHUSTER UND SEINEN SCHUHEN_

Von der produktions- und absatzorientierten Firma zum Marketingunternehmen._

Druckereien stehen bisher am Ende der Produktionskette, wenn es um gedruckte Kommunikation geht. Sie sind verantwortlich für die Qualität der Produkte, manchmal für die Kreativität der Formen, die Brillanz der Farben und die Auffälligkeiten der Druckwerke. Sie produzieren Geschäftsdrucksachen, Bücher, Broschüren, Kataloge, Mailings, Anzeigen, Verpackungen, Formulare. Für andere. Ihre eigene Werbung und ihr eigenes Marketing behandeln sie oftmals ziemlich stiefmütterlich – so wie der barfuß laufende Schuster.

Doch die allgemeine Wirtschaftslage und die spezielle Situation der Druckbranche machen neue Konzepte notwendig, wenn eine Druckerei am Markt bestehen will. Um neue Wege zu gehen, sind oftmals große Veränderungen, klare Konzepte, fundierte Strategien – und eine gehörige Portion Mut – notwendig.

Als Norbert Zehle 2001 als stellvertretender Geschäftsführer in die Essener Druckerei Rosenberger einstieg, wusste er nicht, dass er ein Jahr später schon kurz vor dem Aus stehen würde. Die Altlasten waren zu groß, die Maschinen zu alt, die Wettbewerbsfähigkeit nicht mehr möglich. Ein typisches Phänomen bei Familienunternehmen, bei denen die »Oberhäupter« zu lange damit gewartet hatten, ihren Betrieb aussichtsreich an die nächste Generation weiterzugeben. Doch für die Essener Druckerei wurde die drohende Insolvenz zur Chance. Nach zähen Verhandlungen, viel Öffentlichkeitsarbeit und einer vollständigen Umstellung der Unternehmens- und Marketingstrategie wurde im Februar 2003 das Ende der Druckerei Rosenberger zum Anfang des neuen Druckhauses PQS (für Print Quality Service) Druckhaus GmbH.

Der Name als Markenzeichen_

Die Entwicklung des neuen Namens hatte einen besonderen Stellenwert für die neue Marketingstrategie des Unternehmens. Der Name sollte einprägsam und einfach zu merken sein, schnell für Bekanntheit sorgen und vor allem das neue Markenimage widerspiegeln. »Wir sind mit dieser Namensänderung konsequent und sehr offensiv umgegangen«, so Diplomingenieur Sebastian Weber, Partner und weiterer Geschäftsführer bei PQS. »Das neue Logo und die neuen Farben haben wir sofort auf allen Geschäftsdrucksachen, Broschüren, Schildern, Fahnen usw. platziert, sogar unsere Räumlichkeiten haben wir nach unserem neuen Corporate Design umgestaltet. So klappte diese einschneidende Umstellung sowohl bei Kunden als auch bei den Mitarbeitern relativ übergangslos.«

Das neue Logo ging einher mit dem Imagewandel und der neuen strategischen Ausrichtung. PQS positionierte sich auf dem Markt nicht mehr als »Druckerei«, sondern als »Lösungsanbieter in allen Bereichen der gedruckten Kommunikation«. Die neue Aufgabe hieß nun, den Kunden in allen Bereichen der gedruckten Kommunikation zu bedienen – auch denen, die nicht zu seinem eigenen Kerngeschäft gehören.

Das bedeutete: Der Kunde kam mit einer Anfrage oder einem Problem, PQS bot Lösungskonzepte und stand dafür gerade, dass alle angebotenen Funktionen auch tatsächlich zuverlässig realisiert wurden.

Dieses »Center of Competence« – mit PQS als Lösungsanbieter in allen Bereich der gedruckten Kommunikation – wurde durch ausgesuchte Partner aus allen Bereichen der Kommunikation – von der Werbeagentur bis hin zum Direktmarketing-Center – ergänzt.

Mit der Neustrukturierung gingen zudem zahlreiche neue Aktivitäten zur Kundenbindung und Kundenfindung einher. Auch hier ging man neue, für alle Beteiligten zunächst ungewohnte Wege. Dieses Konzept war neu: Es ging nicht mehr ausschließlich darum, durch modernste Technologie oder höchste Produktivität zu konkurrenzfähigen Stückpreisen zu kommen (bei einem solchen Marktauftritt wäre der Kampf um die kleinsten Preise vorprogrammiert gewesen), sondern hohe Qualität zu marktgerechten Preisen zu bieten.

Und so präsentierte sich das Unternehmen auch nach außen: Die Imagebroschüre, die in ihrer limitierten Exklusivausgabe zeigte, welche Botschaften Qualität transportieren kann, zeugte von dem großem Selbstbewusstsein des Unternehmens nach dem Motto: »Wir können viel und zeigen es auch. Oder: Der Schuster soll die schönsten Schuhe tragen.«

Allerdings war die Zeit zu knapp, um diese großen Veränderungen von Image, Service und Kundenbeziehung solide im Markt zu positionieren und das PQS Druckhaus zu sanieren. Auch die Mitarbeiter, die ihr gesamtes Berufsleben noch den alten autoritären Führungsstil gewöhnt waren, gingen nur sehr zaghaft auf ihre neuen Freiheiten aber auch Verantwortlichkeiten ein.

Firmenchef Zehle zog daraus die Konsequenz und schloss die Tore von Rosenberger/PQS im Jahre 2004 für immer. Dennoch ist er von seinem Konzept nach wie vor überzeugt – und macht deshalb nach eigenen Aussagen »dasselbe wie vorher, aber auf einmal nehmen die Kunden es ganz anders an«. Und ganz nebenbei sorgt das Fehlen hoher Fixkosten für Maschinen, Personal und Räumlichkeiten für einen deutlich besseren Erfolg: Im nächsten Jahr wird er dann wieder neue Mitarbeiter einstellen können.

Ein neues Konzept allein genügt nicht_

Dass Qualität nicht nur eine technische, sondern vor allem auch eine menschliche Herausforderung ist, weiß man auch bei der B.O.S.S. Druck und Medien GmbH in Kleve. Auch hier entstand aus einem insolventen Familienunternehmen ein mittlerweile erfolgreich arbeitender »Print-Dienstleister von anspruchsvollen Drucksachen«, wie sich das Unternehmen heute selbst definiert. Und auch bei B.O.S.S. heißt die Strategie: Konzentration auf Qualität. Wer sich am Preiskampf der Branche beteiligt, hat verloren.

Von Anfang an war Unternehmensleiter Franz Engelen, der zusammen mit seiner Frau Lucia Engelen 1996 das Unternehmen übernahm, klar, dass alle strategischen Ziele, die er für die Zukunft plante, nur durchzusetzen seien, wenn alle Mitarbeiter mit im Boot säßen. Sein Erfolgskonzept: Die Beteiligung der Mitarbeiter. Am Firmenkapital, an Unternehmensentscheidungen, am Unternehmenserfolg. Alle Bereichsleiter sind mit einem Beitrag am Unternehmen beteiligt. Das Interesse am Unternehmenserfolg wird so zum Selbstzweck. Jeden Morgen treffen sich die Bereichsleiter zu einer Tagesbesprechung, um über die anstehenden Aufgaben zu sprechen. Transparenz zieht sich durch alle Bereiche. »Einer unserer Unternehmensleitsätze ist: Kompetenz definiert sich nicht durch Macht, sondern durch Inhalte.« Jährliche Zielvereinbarungsgespräche, Weiterbildung und die Offenheit zu technischen und Management orientierten Neuheiten zeichnen den Mediendienstleister ebenso aus, wie die so ungewöhnlichen wie erfolgreichen Vertriebsstrukturen: Eine Mitarbeiterin recherchiert nicht nur nach neuen Kunden, sondern nach passenden neuen Kunden. Ihr Augenmerk liegt natürlich auf Adressen und Ansprechpartnern – aber auch auf Organisationsstruktur und Unternehmensstrategie des potenziellen Neukunden. »Wir suchen Geschäftspartner, die vom Konzept her zu uns passen«, erklärt Unternehmenschef Engelen, »da kann es auch einmal sein, dass wir mit einem neuen Kunden nicht auf einen gemeinsamen Nenner kommen.« Ziel ist hierbei wieder: Nicht mit dem Äußeren will man prahlen, sondern mit Inhalten und Konzepten überzeugen.

Mittlerweile hat man bei B.O.S.S. einen weiteren Betrieb mit nahezu 25 Mitarbeitern übernommen – und dabei »inhouse« das Produktportfolio um den Bereich Display und Verpackung ergänzt. Unternehmenschef Engelen dazu: »Noch in diesem Jahr verlassen wir unseren jetzigen Standort und ziehen in neue, eigene Räumlichkeiten. Wir versprechen uns davon – und wie es scheint, wird es uns gelingen, diese Ziele auch umzusetzen –, dass die Produktionsprozesse dann so effizient ablaufen, wie wir es uns seit langem gewünscht haben, aber bislang aus Platzmangel nicht realisieren konnten«.

Unsere Kulturförderung:
Gut für die Sinne.
Gut für Köln und Bonn.

Sparkasse
KölnBonn

Kunst und Kultur sind für die gesellschaftliche Entwicklung entscheidend. Sie setzen Kreativität frei und fördern die Aufgeschlossenheit gegenüber Neuem. Die Philosophie der Sparkasse KölnBonn ist es, vor Ort in einer Vielzahl von Projekten Verantwortung für die Gesellschaft zu übernehmen. Mit unseren jährlichen Zuwendungen zählen wir zu den größten nichtstaatlichen Kulturförderern in Köln und Bonn. **Sparkasse. Gut für Köln und Bonn.**

www.sparkasse-koelnbonn.de

INGA STRACKE_PRINTED HERE AT THE F1-RACE TRACK! → Seite 34-35

TRENDS
Inga Stracke

Printed here at the F1-Race Track

© Varus Verlag

—> INGA STRACKE¬

Geschäftsführerin und Chefredakteurin der Agentur Pole Position Reports, Augsburg. Sie berichtet von Formel-1 Grand Prix und anderen Sportveranstaltungen für Radiostationen, nationale und internationale Print- und Online-Medien sowie für das Internationale Fernsehen.¶

-> PRINTED HERE AT THE F1-RACE TRACK!_¶

Erfolgreiches Marketing-Tool Drucksache:
Das »Red Bulletin«_¶

Die Idee entstand spontan – wie so viele kreative Ansätze. Genauer gesagt, eines Nachts im Winter 2004: »Mr. Red Bull« Dietrich Mateschitz hatte am 15. November das Jaguar Formel-1-Team gekauft und sich damit einen langjährigen Traum erfüllt. Doch erfolgreiche Geschäftsmänner träumen nicht nur, sie haben Visionen – und Mateschitz ist bekannt dafür, dass er seine Visionen besonders erfolgreich realisiert. Die PR-Arbeit des Teams sollte nicht so eingefahren ablaufen wie die der Konkurrenten: Spaß, Freude und Energie, Maxime der Bullen aus Salzburg, werden gelebt. Die Formel-1 ist sein Steckenpferd, aber auch ein erfolgreiches Marketing-Tool für den Energydrink.¶

¶

Als solches kann man auch seine neueste Kreation sehen: das Red Bulletin. Eine neue Formel-1-Publikation, die sich – wie auch sein Verleger – nicht einordnen lassen will, weder Zeitung ist, obwohl sie an den Grand Prix Wochenenden täglich erscheint, noch Magazin, auch wenn sie seitenweise mit vielen Bildern aus dem Fahrerlager Magazincharakter hat. 46x34cm und im Vierfarbdruck kommt das Red Bulletin daher, der frühe Simplicissimus und der heutige New Yorker sind die Vorbilder, das Konzeptteam um die Kreativen des Wiener Seitenblickeverlages (Eigentümer: Mateschitz) standen Pate.¶

¶

Die Idee: Mit einem Lächeln und spitzer Feder Spaß, Leben, und ein wenig Selbstironie in die steif gewordene Formel-1-Welt zu bringen. Die Regel: Unabhängigkeit, auch vom eigenen Formel-1-Team Die Umsetzung: Vor allem eine enorme Herausforderung in Sachen Logistik!¶

¶

Mit einer eigens angeschafften Heidelberg Quickmaster DI (Direct Imaging) wird das Blatt bei jedem Formel-1-Grand Prix vor Ort gedruckt. Zwei riesige Trucks transportieren Druckmaschine und die mobile Redaktion quer durch Europa, bei den Überseerennen wird alles in Containern via Flugzeug verfrachtet. Drei feste Redakteure, drei Layout- und Grafikdesigner, drei bis vier Soft- und Hardwareexperten, zwei Drucker und eine eigene Logistikmannschaft touren für das Red Bulletin um die Welt: Monaco, Ungarn, Australien, Malaysia, Japan und die USA – über 200.000 Kilometer im Jahr, mehr als dreimal um den Globus.¶

Das Red Bulletin kann auf riesige Archive der verschiedensten Formel-1-Fotoagenturen und freischaffenden Fotografen zugreifen. Es hat sich aber auch herumgesprochen: Wer eine lustige Szene sieht, schießt Bilder, die er früher nie gemacht hätte – mit der Hoffnung, sie ins Red Bulletin zu kriegen.¶

¶

Kolumnen, satirisch, interessant, spekulativ; Interviews, Porträts und Hintergründe – geschrieben von der Elite der freischaffenden Formel-1-Journalisten aus England, Irland, Frankreich, Deutschland, Österreich, Spanien und den USA, in der Sprache der Formel-1: englisch. Eine eigene Formel-1-Wette mit dem »Red Bulletin Jackpot«, geleitet vom Schweizer Blick-Journalisten Roger Benoit. Das wohl schwerste Formel-1-Quiz der Welt, an dem sich auch die Experten mit 500 Grand Prix auf dem Buckel die Zähne ausbeißen – und bei dem man zu Saisonende einen VW Tuareg gewinnen kann.¶

Karikaturen und Illustrationen von internationalen Künstlern. Doppelseiten voller Schnappschüsse aus dem Fahrerlager, der Promenade der Eitelkeiten, auf der die Menschen plötzlich für die »Bulletin«-Fotografen posieren, um sich selbst im Heft zu entdecken. Und natürlich – nicht zu vergessen – eine weitere »Schöpfung« des »Oberbullen«: Die Formula Unas.¶

Was bislang keiner geschafft hat und selbst sein Landsmann Niki Lauda immer wieder bedauert hatte, ist Mateschitz gelungen: Der Lifestyle ist wieder zurückgekommen. Jedes Wochenende sind zehn ausgesuchte Schönheiten bei Red Bull Racing zu Gast, die Formula Unas. Gecasted von den Red Bull-Sitzen der jeweiligen Länder können sie das Wochenende in Boxengasse und Fahrerlager genießen. Unbemerkt entscheidet eine anonyme Jury, wer am Ende zur »Una des Grand Prix« nominiert wird. Die insgesamt 19 Glücklichen (von 19 Grand Prix) dürfen dann auf Red Bull-Kosten zum Finale in Shanghai reisen. Die Finale-Red Bull-Party wird dann wahrscheinlich noch das Finale-Rennen übertreffen – in der ersten Reihe berichtet natürlich das Red Bulletin.¶

Im Blatt werden Freitagmorgens immer die zehn Unas vorgestellt. Samstags gibt's eine Fotoserie und Sonntagmorgen kann man im Centerfold die Gewinnerin bestaunen. Doch halt, das ist eigentlich ein Wort, das Mateschitz in diesem Zusammenhang nicht hören möchte, seine klare Richtlinie zum Thema Unas lautet: Es ist keine Miss-Wahl, es gibt keine Siegerin und die Unas sind auch keine Missen.

Auch das hat er geschafft, ein neues Wort etabliert – im Fahrerlager spricht jeder nur von den »Unas«.¶
Oswald Halwax von der Firma Heidelberg bekommt die Schönheiten aber eher nur auf dem Papier zu sehen – und da muss er dann vor allem darauf achten, dass »die Farbe« stimmt. Wenn die Formel-1 bereits schläft und auch die Red Bulletin-Redakteure daran denken, ins Bett zu gehen, fängt seine Arbeit an: Nachts druckt er das Bulletin, generell in einer Auflage von 1.500 Stück. Tony und Leigh, die beiden Truckfahrer des Teams, bringen die Hefte dann zum Fahrerlager, wo sie für einen Euro, der wohltätigen Zwecken gestiftet wird, mitgenommen werden können. Schnell vergriffen sind sie, oft heiß begehrt: Journalisten wollen wissen, was die Kollegen geschrieben haben; Mechaniker freuen sich auf die neuesten Bilder der Unas und den City Guide mit Party-Tipps am Freitag; Piloten und ihre Frauen/Freundinnen blättern es immer wieder gerne durch, und auch Formel-1-Zampano Bernie Ecclestone wurde schon damit gesichtet.¶
Die Zielgruppe könnte schwieriger nicht sein. Sie ist nicht klar definiert, nur räumlich sozusagen: Das Formel-1-Fahrerlager, Teambesitzer, Piloten und ihre Gäste samt Management, die VIP-Gäste der Sponsoren, ganze Rennteams, Ingenieure, Mechaniker, Truckfahrer, Köche. Und die vielleicht problematischste und kritischste Leserschaft überhaupt: die vor Ort versammelte Welt-Sportpresse. Die Vorlaufzeit war unglaublich kurz: Zwischen der Idee und dem ersten Erscheinen am 20. Mai in Monaco lagen nur knapp vier Monate. Die ersten Probeseiten wurde beim Malaysia Grand Prix im März (19./20.) erstellt, das erste komplette Heft am ersten April in Bahrain.¶
»Es ist eine unglaubliche Herausforderung und macht wahnsinnig Spaß«, erklärt Chefredakteur Justin Hynes. Der Ire arbeitet seit sieben Jahren in der Formel-1 und war zuvor beim irischen Fernsehen RTE, dem US Formula One Radio Network und der Irish Times. »Red Bulletin ist das interessanteste, innovativste und herausforderndste Projekt, in das ich je involviert war. Natürlich erfordert es viele Stunden harter Arbeit, aber Gott sei Dank habe ich ein Team vor wirklich guten Leuten um mich, die mir viel von dem damit entstehenden Druck nehmen«, erklärt Hynes, der an den Grand Prix-Wochenenden an Laufgeschwindigkeit den Formel-1-Boliden gefährlich werden könnte. »Das Red Bulletin hat sich schnell als unersetzlich im Paddock etabliert und bietet allen jeden Morgen ein bisschen Abwechslung, ein Lachen und Anregungen zum Nachdenken.«¶
Die Texte der Freelancer rechtzeitig eintreiben, die Bildunterschriften des »Bull's Eye« schnell und witzig zu kreieren, ab und an auch einen eigenen Kommentar schreiben. »Wie gut, dass wir für einen Energydrink arbeiten«, lacht er und rennt schon wieder weiter. Tony Gardner und Leigh Pothecary rennen eigentlich auch fast das gesamte Grand Prix-Wochenende zwischen Red Bulletin Unit und Fahrerlager hin und her. Sonntags abends packen sie zusammen – und dann geht's auch schon wieder auf die Straße, zum nächsten Grand Prix.¶
Beide hatten zuvor beim Formel-1-Team McLaren Mercedes gearbeitet, kennen sich also bestens aus. Dennoch, dieser Job ist etwas anderes: »Es ist wirklich cool. Wir waren anfangs ein ganz neues Team, keiner kannte die anderen, die meisten waren noch nie bei einem Formel-1-Rennen!« erinnert sich Leigh. »Es macht unheimlich Spaß, auch wenn es kein einfacher Job ist!«¶
Und weil Mr. Red Bull niemals nur eingleisig denkt, hat er das Red Bulletin auch schon gleich drei Schritte weiter gedacht: Im Juli kam eine Sonderausgabe rund um den Salzburger Fußballclub heraus (Eigentümer seit diesem Jahr Red Bull). Und zum Hahnenkammrennen in Kitzbühel gab es ebenfalls ein eigenes Magazin – täglich und mit großem Erfolg!¶
¶
¶¬

Abbildungen: Titel und Inhalte (Auszug) der Red Bulletins; (v. o. n. u.): Ausgaben 19/Silverstone, 24/Hockenheim und 17/France

KUNST, KOMMERZ UND KOMMUNIKATION → Seite 38-39

TRENDS
Sven Wegerich

Kunst, Kommerz und Kommunikation
Interview mit Pedro Anacker, Edgar Medien AG

© Varus Verlag

→ SVEN WEGERICH¬
Wegerich Public Relations, Köln¶

-› KUNST, KOMMERZ UND KOMMUNIKATION_

Interview mit Pedro Anacker, Edgar Medien AG_
»Neue Kommunikationskanäle eröffnen, Werbeakzeptanz und Kontakt-Qualität in schwierigen Zielgruppen und Umfeldern erhöhen.« Diese Forderungen stammen nicht aus einem der heute üblichen Agenturbriefings. Sie beschreiben vielmehr – man lese und staune – die Grundlagen für den Erfolg eines innovativen Unternehmenskonzeptes auf der Basis von Drucksachen: Edgar!

1992 übernahm Firmengründerin Nana Bromberg die ursprünglich in Dänemark erfolgreiche Geschäftsidee von Gratis-Werbepostkarten für Deutschland. Unter dem Namen »Edgar« – eine Ableitung aus »Ad(vertising) Card« – bot das Unternehmen so genannte Freecards (kostenlose Postkarten, die mit einer Mischung aus Werbebotschaften und Kunst versehen waren) zunächst in der Hamburger Szenegastronomie an.

In den Folgejahren weitete das Unternehmen die Zahl der Städte und Standorte aus und etablierte die Freecard als One-to-One-Werbemedium in der Szenegastronomie. Gleichzeitig spezialisierte sich Edgar zunehmend auf die Kommunikation mit jungen Zielgruppen in Freizeitumfeldern, die bisher nicht oder nur kaum erschlossen waren: Bei Nutzung des so genannten »Ambient Media Concepts«, das Freecards, Indoorplakate und den Bereich Sampling/Vertriebsunterstützung umfasst, konnten Interessenten erstmals auch Jugendliche in neuen Bereichen wie Videotheken oder Schulen gezielt werblich erreichen.

Dabei gelang es, diese jungen Zielgruppen nicht nur über gezielt aufgebaute neue Plattformen und Vertriebskanäle werblich zu erschließen, sondern die entsprechenden Kampagnen und Werbebotschaften so sympathisch und glaubwürdig zu transportieren, dass die jeweiligen Werbeträger Beinahe-Kultstatus erreichten und zu einem hohen Grad (freiwilliger) Akzeptanz in der Zielgruppe führten.

Heute ist die Edgar Medien AG im Hinblick auf Bekanntheit und Qualität Marktführer im Segment Freecards. Sie besitzt das größte flächendeckende Gastronomie-Plakatnetz in Deutschland und ist mit edgar.de der größte E-Card-Anbieter in Deutschland.

Das Unternehmen, das sich nach eigenen Aussagen als »junges, innovatives Medienhaus« sowie als »Ansprechpartner und Problemlöser der Werbetreibenden, wenn es um das Erreichen junger, mobiler Zielgruppen geht« versteht, ist nach wie vor für Überraschungen gut. So präsentierte es 2005 in Zusammenarbeit mit der forsa (Gesellschaft für Sozialforschung und statistische Analysen) und dem Spezialmittler Posterscope einen Pre-Test für Freecards, bei dem Werbungtreibende und Kreativagenturen nun vor Kampagnenbeginn die Kommunikationsleistung ihrer Freecard-Motive testen können.

Das nachfolgende Interview führten wir mit Pedro Anacker, der seit Ende 1992 als Geschäftsführer und heute als Vorstandsvorsitzender der Edgar Medien AG im Unternehmen tätig ist.

–› PEDRO ANACKER¬
Vorstandsvorsitzender Edgar Medien AG

–› Die Edgar-Story in Kürze

1992
Adaption der in Dänemark erfolgreichen Geschäftsidee »Gratis-Werbepostkarte« für Deutschland, zunächst im Hamburger Raum; in den Folgejahren Ausbau des Vertriebsnetzes und Etablierung des Werbeträgers bundesweit.

1996
Erweiterung des Medienportfolios; das Unternehmen positioniert sich nun gegenüber der Werbeindustrie als Medienhaus für junge Zielgruppen.

1997
Das deutschlandweit größte Indoor-Plakatierungsnetz in der Gastronomie entsteht; begleitend werden Produktproben-Sampling und Personal Promotions entwickelt und erstmals direkt in den Freizeitumfeldern der jungen Zielgruppe platziert.

1998
Die marktführenden Freecard-Anbieter in Deutschland (Edgar), Frankreich und Großbritannien gründen die »European Freecard Alliance« (EFA); später Ausbau zu einem weltweiten Kooperations-Netzwerk aus 21 Ländern aller Kontinente und Umbenennung zur »International Freecard Alliance« (IFA).

2000
Im Juni wird die Website www.edgar.de von Grund auf erneuert. Mit dem Relaunch wird die neue Geschäftsidee Edgar E-Card geboren: Virtuelle Online-Grußkarten, die mit Flash-Programmierung, Animationen, Videoausschnitten, Musik, Spielen und Links bestückt werden können.

2001
Edgar und zwei weitere Gründungsmitglieder gründen den Fachverband Ambient Media e.V. (FAM); dieser steht für Qualität, Transparenz und Sicherheit in der Auftragsabwicklung im so genannten Ambient Media Markt.

2002
Zunächst wird das Edgar Freecardnetz um 200 Modefilialen von New Yorker erweitert und – nach einem erfolgreichen Testlauf – bundesweit in 144 Städten fortgesetzt. Dann erschließt Edgar mit dem Partner »Movie SMS«, einer Agentur für Mobile Marketing, erstmals bundesweit 1.000 Videotheken für das Sampling von Produktproben und Werbemitteln. Und schließlich bietet Edgar für Kunden aus der Genuss- und Lebensmittelindustrie sowie Verlage neu entwickelte »vertriebsunterstützende Maßnahmen« an, so z.B. PoS-Aktionen mit Gewinnspielen, Werbemittelplatzierungen und vorbereitende Listungsgespräche mit den Gastronomen.

2003
Mit den so genannten »edLIGHTS« erweitert Edgar sein Portfolie um ein beleuchtetes Plakatnetz in der Szenegastronomie; es erreicht schließlich 14 Metropolen mit 800 Outlets.

2004
In Zusammenarbeit mit forsa (Gesellschaft für Sozialforschung und statistische Analysen) und dem Spezialmittler Posterscope entwickelt die Edgar Medien AG einen Pre-Test für Freecards. Werbungtreibende und Kreativagenturen können nun bereits vor Kampagnenbeginn die Kommunikationsleistung ihrer Freecard-Motive testen.

2005
Mit den Edgar Schoolcards bietet Edgar erstmals Freecards an Schulen an und erreicht nun bundesweit rund 1.500 Gymnasien, Gesamt- und Berufsschulen in 15 Metropolen.

Herr Anacker, Sie haben das Unternehmen nahezu von der ersten Stunde an in Entscheiderposition geführt:
Welche Gründe waren aus heutiger Sicht entscheidend für den Starterfolg von Edgar? Warum hat man damals das Medium Papier als Träger von Werbebotschaften gewählt?

Pedro Anacker: Wir waren jung und wild entschlossen. Wir wussten, wir haben eine tolle Idee und diese wollten wir unbedingt umsetzen. Wir haben alles was wir hatten auf eine Karte gesetzt. Und wir waren die ersten in Deutschland, vielleicht sogar weltweit. Mutige Kunden lieben sowas. Als wir 1992 gestartet sind, war das Internet noch kein Thema, also war ein gedrucktes Medium die logische Konsequenz.

Welche Gründe waren Ihrer Ansicht nach in der Folgezeit ausschlaggebend dafür, dass sich das Konzept von Edgar nicht nur im Bereich Drucksachen, sondern auch im Bereich multimediale Kommunikation so erfolgreich entwickelt hat?

Pedro Anacker: Es reicht nicht, nur ein Medium zu entwickeln und zu betreiben. Als Dienstleister und Anbieter medialer Leistungen müssen Sie auf die Bedürfnisse und Anforderungen der Kunden reagieren. Sie müssen zuhören, welche Probleme der Kunde in der Ansprache und Kommunikation mit seinen Zielgruppen hat, und Sie müssen sehen, was »draußen« möglich ist. Keine erfolgreiche Kampagne ist monomedial, nur die vernetzten ganzheitlichen Medienkampagnen performen und funktionieren im Sinne des Kunden. Edgar hat sich als Medienmarke eine Absenderkompetenz aufgebaut, und diese strahlt auch auf andere Medienbereiche wie z.B. www.edgar.de ab.

Wie nah waren bzw. sind Sie (als Unternehmen) beim Ausbau bestehender Angebote sowie im Vorfeld der Entwicklung neuer Plattformen an der jeweiligen Zielgruppe?

Pedro Anacker: Unser Claim »Edgar Medien – Mitten im Leben« wird gelebt. Unser Team ist jung, die Unternehmer sind erfahren, wir glauben, dies ist ein guter Nährboden für kontrolliertes Wachstum. Wir sind ständig unterwegs, wir fragen die Zielgruppen und die Betreiber verschiedener Freizeiteinrichtungen nach Ihrer Meinung zu verschiedenen Entwicklungen. Und nicht zuletzt fragen wir unsere Kunden oder deren Mittler. Wir veranstalten Workshops, besuchen Trendseminare, und wir gehen mit offenen Augen und Ohren durch das Leben. Wir sind im ständigen Dialog mit unseren Zielgruppen und bemühen uns, authentisch und glaubwürdig mit ihnen zu kommunizieren. Dies ist uns bisher ganz gut gelungen.

Wie stimmen Sie die einzelnen Bereiche und Angebote ab? Sehen Sie diese zunächst isoliert oder werden sie von Anfang an in der Konzeption als vernetzte Angebote aufgebaut?

Pedro Anacker: Das kommt auf die Kundenanfragen an. Haben wir die Möglichkeit, ein Konzept zu entwickeln, vernetzen wir die Medien nach Briefing – auch und gern mit Medienangeboten von Kollegen. Als Anbieter medialer Dienstleistungen werden wir bisher jedoch selten mit in die Mediaplanung einbezogen. Hier besteht Nachholbedarf.

Welche Anforderungen stellen Sie (Ihr Unternehmen) an einen für Sie tätigen Kommunikationsdienstleister? Welchen Stellenwert hat für Sie (Ihr Unternehmen) dabei die integrierte Kommunikation?

Pedro Anacker: Wir haben bei Edgar ein großes Potenzial an Kreativität. Gleichzeitig arbeiten wir sehr professionell. Daher machen wir unsere Kommunikation fast komplett inhouse.

INTERVIEW_KUNST, KOMMERZ UND KOMMUNIKATION → Seite 42-43

Integrierte Kommunikation spielt dabei eine wichtige Rolle. Auf diese sehr hohen Anforderungen stößt bei uns auch ein Kommunikationsdienstleister.¶

¶

Wie ist es Ihnen gelungen, sogar den sehr werbungfeindlichen Bereich »Schulen« für Produktsampling und andere Werbeformen zu begeistern?

¶

Pedro Anacker: Schon vor 5 Jahren waren wir an den Schulen interessiert. Jedoch waren die politischen Umstände nicht geordnet, es gab auf allen Ebenen eine große Unsicherheit. Wir haben diesen Bereich immer für ausgesprochen interessant gehalten und uns im dritten Quartal 2005 entschlossen, den Bereich Schulmarketing aufzubauen und zu vermarkten.

Wir haben eine Mailingaktion gestartet – und unsere Kunden waren begeistert. Wir tragen z.B. Freecards von Kunden wie CMA, NIKE, Adidas, Microsoft und dem Kinderkanal von ARD/ZDF in die Schulen, und die Kids nehmen diese sehr gerne an. Bisher haben wir keine Restriktionen seitens der Schulleiter oder Behörden erfahren. Wir möchten uns auch hier weiterentwickeln und werden diesbezüglich mit den entsprechenden Entscheidern zusammen arbeiten.¶

¶

»Edgar ist nicht nur ein Werbekanal, sondern Kommunikator in der Lebenswelt der jungen Zielgruppe.« Ist also eigentlich nur das emotionale und provokante Aufgreifen zeitgeistiger Themen Grund für die Akzeptanz und den Erfolg von Edgar?

¶

Pedro Anacker: Es ist wichtig, ein Bestandteil der Zielgruppen zu werden, die man erreichen möchte. Aufgesetzte, nicht authentische Ansprache oder »Anmache« werden sofort enttarnt. Bild- und Textbotschaften müssen radikal, neu, mutig und »grenzbereichig« sein.¶

Das ist die Sprache der Jungen. Aber Edgar bedient auch die emotionale Seite: Schöne Bilder, soziokulturelle Begebenheiten wie Ostern, Weihnachten, Tod und Teufel sind auch Edgar-Themen. Und natürlich die Themen Politik, Liebe, Sex und Frieden. Eben alles, was einen berührt, worüber man/frau nachdenkt, was einen beschäftigt oder ängstigt. Wir wissen aus verschiedenen Marktforschungen, wie wichtig die redaktionelle Arbeit ist, und daher nehmen wir sie sehr ernst.

¶

Mit welchen Maßnahmen erhalten Sie die Attraktivität und Akzeptanz des Unternehmens und seiner Angebote in der bzw. den Zielgruppen?

¶

Pedro Anacker: Wir sind ein kleiner Verlag, und unsere Mittel sind daher beschränkt. Wir erlauben uns ein Sponsoring bei dem FC St. Pauli und den Blue Devils, wir unterstützen soziale, kulturelle und politische Institutionen.¶

Im kulturellen Freizeitleben gehören wir dazu, wir sind Gesprächsstoff und Unterstützer bei verbaler Unentschlossenheit. Alle drei Zielgruppen – sprich unsere Kunden, die Gastronomen und die User – haben Freude an den Edgar Medien. Wir sind glaubwürdig – bei allen.¶

→ ZIELGRUPPENGENAUE KOMMUNIKATION MIT DRUCKSCHRIFTEN_

Haben Druckschriften in der Unternehmenskommunikation ausgedient? Sind sie gegenüber den neuen Medien zu wenig interaktiv, zu unflexibel, zu altmodisch oder zu teuer?
Ja – wenn man es nicht richtig macht!

Printmedien können – übrigens ebenso wie alle Kommunikationsformen – nur dann erfolgreich sein, wenn sie
- genau die Interessen(s)lage der Zielgruppen kennen
- es ihnen gelingt, diese Information inhaltlich wie optisch umzusetzen
- und diese Botschaften dann auch wie gewünscht bei der Zielgruppe ankommen.

Dies gilt für Geschäftsberichte, Kunden- und Mitarbeiterzeitschriften genauso wie für Werbebroschüren oder Vertriebsinformationen.

Printmedien in der Unternehmenskommunikation sind nicht von gestern – im Gegenteil, die »klassischen Medien« erfahren eine Aufwertung und Neupositionierung: Druckschriften werden für besonders anspruchsvolle Anliegen in der Präsentation eines Unternehmens eingesetzt. Den Printmedien kommen im Rahmen ganzheitlicher, integrierter Kommunikation spezielle Aufgaben und Funktionen zu, die über andere Medien nicht erfüllt werden können – sie sind ein notwendiger Baustein im Gesamtkonzept professioneller Corporate Communications.

Dabei reicht es nicht aus, die formalen Stärken des Mediums »Print« – beispielsweise hohe Lesefreundlichkeit, Handlichkeit, optische und haptische Qualitäten, Mobilität, Unabhängigkeit von Computern oder Energiezugang – gezielt zu nutzen.
Ein Druckschriften-Konzept für ein Unternehmen wird nur dann Erfolg haben, wenn es auf einer exakten Analyse der anvisierten Zielgruppen und deren Interessenslage basiert.

Die Zielgruppe, das unbekannte Wesen?_

Kommunikation bedeutet »Botschaften vom Sender zum Empfänger schicken«. Erfolgreiche Unternehmenskommunikation erfordert jedoch mehr, als einfach Botschaften auszusenden: Die Kunst des Erfolgs liegt nicht im Versenden (Kommunikation weg vom Sender), sondern im tatsächlichen Erreichen der anvisierten Zielgruppen (Kommunikation hin zum Empfänger) mit den für sie wichtigen und richtigen Botschaften.
So banal dies erscheint und so bekannt die Weisheit ist: Es gehört immer noch zu den häufigsten Fehlern in der Kommunikation, dass Druckschriften eher den Auftraggebern im Unternehmen gefallen und unter diesem Aspekt konzipiert werden.

Zwar wissen Geschäftsführung, Vertrieb, Marketing und Kommunikationsprofis in der Regel, wer ihre Zielgruppen sind und wie sie angesprochen werden müssen, aber dieses Wissen fließt nicht systematisch in die Konzeption von Druckschriften ein.

Hinzu kommt, dass die Unterschiede zwischen Business-to-Consumer (B2C)-Kommunikation und Business-to-Business (B2B)-Kommunikation nicht ausreichend reflektiert und in die Praxis umgesetzt werden. In der B2B-Kommunikation sind die Zielgruppen genau bekannt: Die Festplattenindustrie und die Chiphersteller haben als Zielgruppe die Computerhersteller, ein Druckmaschinenhersteller adressiert Verlage und Druckereien, der CRM-Softwareanbieter wendet sich an Vertriebs- und Marketingorganisationen, den Online-Shop-Entwickler müssen Handelshäuser kennen, ein Büromöbelhersteller muss bei Unternehmen bekannt sein und nicht bei denjenigen, die ihre Wohnung einrichten wollen.

Von entscheidender Bedeutung für erfolgreiche, zielgerichtete Unternehmenskommunikation ist jedoch die Beantwortung der Frage, ob es sich bei den Zielgruppen oder Adressaten der Botschaften um Anwender (i.S. von Endkunden oder Nutzern eines Produkts) handelt oder ob es darum geht, die richtigen Informationen (i.S. von Entscheidungshilfen) für Entscheider zu liefern. Denn in vielen Fällen – vornehmlich in der B2B-Kommunikation – sind Anwender und Entscheider nicht identisch.
Die Kenntnis der Entscheidungsprozesse und der am Entscheidungsprozess beteiligten Personen halte ich für die wichtigste Voraussetzung, um erfolgreich Unternehmensbotschaften zu übermitteln.

Entscheidungsprozesse identifizieren und analysieren_

Vertrieb, Werbung, Marketing, PR – sie alle nutzen Informationsmaterial, um Entscheider zu überzeugen. Diese Entscheider in Unternehmen sind jedoch in Strukturen und Prozesse eingebunden, die ihr Informations- und Entscheidungsverhalten beeinflussen: Will ich meine Produkte oder Services an die Großindustrie oder an mittelständisch geprägte, an national oder international agierende Firmen, an privat gehaltene Unternehmen oder an Gesellschaften vertreiben?
Welche Verbände spielen in welcher Branche eine Rolle?
Von diesen Rahmenbedingungen wird abhängen, wie die Entscheidungsprozesse ablaufen. Entscheidet der Chef, von

wem lässt er sich beraten? Gibt es standardisierte Entscheidungswege, und wie sehen diese aus? Welche Personen, Abteilungen und Hierarchie-Ebenen sind am Entscheidungsprozess beteiligt? Muss ich den Geschäftsführer eines mittelständischen Unternehmens oder den Vorstand eines Konzerns überzeugen? Sind Controlling, Fachabteilungen, Beschaffungswesen, IT, Betriebsrat, Datenschutzabteilung oder Personalabteilung mit in die Entscheidung involviert, und wenn ja, wie? Wer ist Entscheider, wer gehört zum Kreis der Entscheidungsvorbereiter, wer hat welchen Einfluss?¶

Wenn Sie Gabelstapler verkaufen wollen, ist es sicher zu kurz gedacht, nur eine tolle Broschüre für den Anwender, den Gabelstaplerfahrer, zu gestalten, denn er ist nicht der Entscheider über die Anschaffung von Gabelstaplern im Unternehmen. Abteilungsleiter, Beschaffungswesen, Controlling, Betriebsrat und Geschäftsführung – sie alle sind in den Entscheidungsprozess involviert und werden ganz andere Fragen zur Anschaffung von Gabelstaplern stellen als der Fahrer.¶

Im B2B-Entscheidungsprozess haben wir in der Regel mit mehreren Personen auf unterschiedlichen Hierarchie-Ebenen und verschiedenen Interessenslagen zu tun – sie brauchen dementsprechend maßgeschneiderte Botschaften.¶

A propos Botschaften: Zunächst gilt es, Klarheit über die übergeordneten Kommunikationsaufgaben zu erreichen, es geht hier um die Ziele der Corporate Communications. Diese zentralen Botschaften müssen in die einzelnen Botschaften für die jeweiligen Zielgruppen einfließen beziehungsweise ihnen übergeordnet sein.¶

Es macht einen großen Unterschied, ob der Fokus der Kommunikation eines Unternehmens auf Imageaufbau und Branding beim Eintritt in einen Markt oder auf Vertriebsunterstützung, Kundenpflege oder Neukundengewinnung liegt. Adressiert ein Unternehmen mit seinen Lösungen die Top 500 in Deutschland und hat bereits 450 dieser Unternehmen als Kunden, so wird es völlig anders kommunizieren, als wenn es erst knapp 70 aus dieser Zielgruppe zu seiner Klientel zählt.¶

Im Mittelpunkt: Corporate Messages_¶

Gerade in der B2B-Kommunikation kommt es auf die Botschaften zum Unternehmen, die Corporate Messages an: Denn Funktionalität und Preis einer Lösung sind weit weniger entscheidend als die Frage, was für ein Unternehmen es ist, mit dem die Geschäfte gemacht werden: Ist das Unternehmen gut aufgestellt, solide geführt, hat es ein gutes Image im Markt, wie steht es gegenüber seinen Wettbewerbern da, bietet es Stabilität und Investitionssicherheit? Verfolgt es eine kontinuierliche, an den Interessen der Kunden ausgerichtete Produktpolitik, oder zwingt es seine Kunden alle paar Monate zu kostspieligen Folgekäufen und Updates? Eine Kaufentscheidung für die innovativste und kostengünstigste Lösung kann sich schnell als teurer Fehler entpuppen, wenn man den Anbieter nicht genau kennt oder dieser sogar insolvent geht.¶

Entscheidend ist die richtige Verzahnung der verschiedenen Botschaften: Ist die Marketing-Fachabteilung überzeugt von einem CRM-Produkt aufgrund dessen herausragender Funktionalität, kennt aber der Geschäftsführer und das Controlling den Anbieter nicht, und die IT-Abteilung hält nichts von diesem Hersteller, dann sollte dieser CRM-Anbieter vorrangig im Bereich Corporate Image und Branding Botschaften vermitteln. Geschäftsführung und Controlling müssen von diesem Unternehmen erfahren (Argumente: Stabilität, Investitionssicherheit, schneller Return on Invest, transparentes Pricing/Lizenzmodell), die IT-Abteilung muss ein positives Bild von Unternehmen, Lösung und Services bekommen (Argumente: technisch innovativ, wartungsarm, skalierbar, kompatibel zu bestehenden Systemumgebungen bzw. leicht zu integrieren), und die Anwender schließlich wollen wissen, ob die Lösung benutzerfreundlich ist, und ob ihre Arbeit damit effizienter und erfolgreicher wird.¶

Wie und wo informieren sich die Entscheider?_¶

Beim nächsten Schritt im Kommunikationsprozess gilt es dann, die Informationsgepflogenheiten der Zielgruppen zu eruieren: Über welche Medien informieren sich »meine« Entscheider? Was lesen Sie in Print und Online? Auf welchen Messen, Symposien, Fachkongressen trifft sich die Branche, welche Meinungsmacher, Gurus und Multiplikatoren geben den Ton an und beeinflussen mit ihrem Urteil die Entscheider? Hat ein Geschäftsführer Zeit und Lust, eine 40-seitige Imagebroschüre zu lesen? Wie viel Detailinformationen braucht ein technischer Leiter beim Erstkontakt mit Ihrem Sales Consultant?¶

¶

Solches Wissen ist ausschlaggebend für die Wahl der geeigneten und wirksamsten Instrumente – ob Print oder Online, ob Datenblatt, vierseitiger Folder oder 20-seitige Broschüre, ob Edeldruck auf Chromolux oder Print on Demand aus dem Laserdrucker. Wenn Sie die Entscheidungsprozesse, die Interessenslagen und Informationsbedürfnisse der beteiligten Entscheider und Nutzer sowie deren Informationsverhalten kennen, dann wissen Sie, ob und wie Sie Druckschriften einsetzen können, um diese Zielgruppen äußerst effektiv anzusprechen.¶¬

> Welche Perspektiven und Optionen für künftige Weiterentwicklungen sehen Sie? Was würden Sie sich dabei von der Industrie, den Werbeschaltenden und Ihren Empfängerzielgruppen wünschen?

Pedro Anacker: Wir glauben, dass die mobilen Medien am stärksten wachsen werden: Mobile Endgeräte, intelligente Spielgeräte wie z.B. die Playstation, das Internet, mobile Werbeflächen. Passiver Medienkonsum ist langweilig und nervig. Werbetreibende sollten zielgruppengenaue Medienformen stärker berücksichtigen und die billige und streuverlusthohe Reichweite überdenken. Von den Mediaagenturen wünsche ich mir eine stärkere Involvierung – schon in der Planungsphase. Denn letztlich hat jeder Werbetreibende dasselbe Ziel wie wir: Attention und Action (Aufmerksamkeit und Aktion).

> Zum Schluss noch einmal zu den Anfängen: Wer entscheidet bei den Edgar Freecards und E-Cards, was letztlich auf die Karten kommt?

Pedro Anacker: Die Redaktion. Bei Stimmengleichheit entscheide ich. Obwohl wir schon mehr als 7.000 verschiedene Motive verlegt haben, ist dies ein wunderbarer Job.

> Herr Anacker, wir danken für das Gespräch.

*Das Interview führte Sven Wegerich,
Wegerich Public Relations, Köln.*

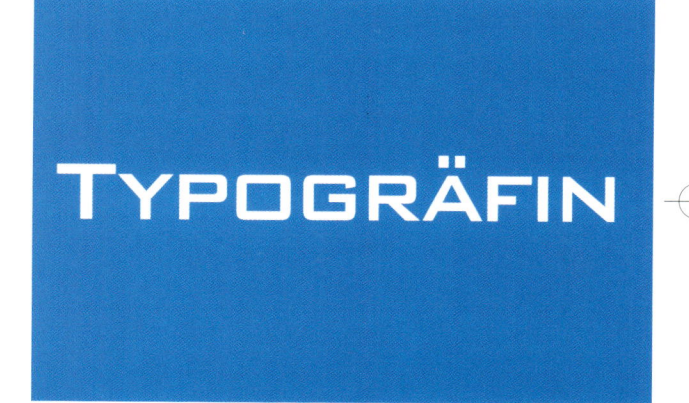

WERBEGOTT

TYPOGRÄFIN

50 PLÄTZE. FERTIG. LOS.

Mach mit NIL den Neustart! Denn NIL ermöglicht dir jetzt ein **exklusives Praktikum** in einem außergewöhnlichen Beruf – z.B. in einem Tonstudio, einer Werbeagentur oder in einer Zeitschriftenredaktion. Du schnupperst einen Monat lang frische Medienluft und erhältst außerdem die NIL-Praktikumsvergütung. Also: Sei über 18, bewirb dich bis 28.02.2006, und mach den Neustart – auf **www.NIL.de**

ERFINDE DICH NIL

NIL

DR. ANNEGRET HAFFA_ZIELGRUPPENGENAUE KOMMUNIKATION MIT DRUCKSCHRIFTEN → Seite 44-45

TRENDS
Dr. Annegret Haffa

Zielgruppengenaue Kommunikation mit Druckschriften

© Varus Verlag

-> DR. ANNEGRET HAFFA¬
Geschäftsführende Gesellschafterin der Münchner PR-Agentur Dr. Haffa & Partner Public Relations und Dozentin für B2B-PR an der Bayerischen Akademie für Werbung (BAW) in München¶

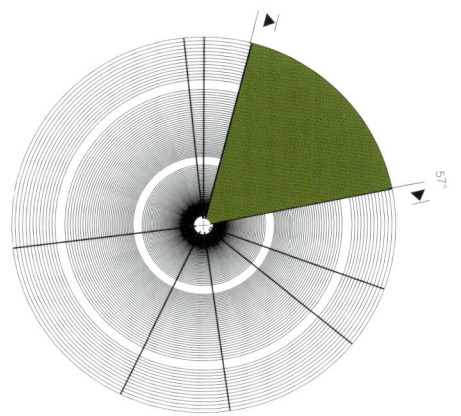

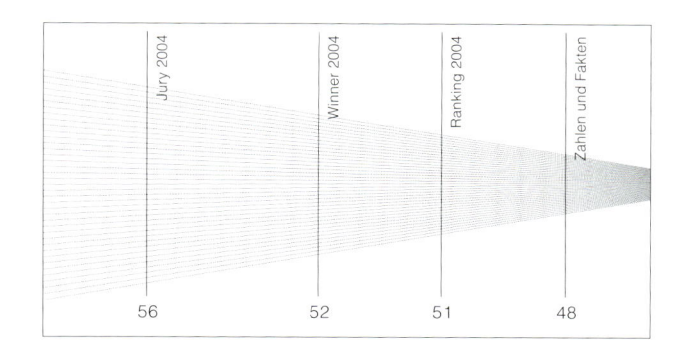

Jury 2004	Winner 2004	Ranking 2004	Zahlen und Fakten
56	52	51	48

47°

57°

STATISTIK 2004 → Seite 48-49

2004_BERLINER TYPE_Internationaler Druckschriftenwettbewerb

-› Die vom Künstler Ren Rong entworfene »Augenhand«,
begehrte Trophäe des Internationalen Druckschriftenwettbewerbs
»Berliner Type« für Deutschland, Österreich und die Schweiz

AWARD
Winner 2004

Gold // Silber // Bronze // Diplom

© Varus Verlag

»GUT ZUM DRUCK«

BERLINER TYPE 2004

Der Award

datum: 2004

name des wettbewerbs
Internationaler Druckschriftenwettbewerb Berliner Type für Deutschland, Österreich und die Schweiz

träger	strasse	stadt
Kommunikationsverband e.V.	Pöseldorfer Weg 23	D-20148 Hamburg

telefon	fax	internet	email
+49 (0)40.419 177 87	+49 (0)40.419 177 90	www.kommunikationsverband.de	info@kommunikationsverband.de

[X] bitte agentur über gewinner informieren   lieferung/proof an: [ ] agentur   [X] endkunde

ANZAHL DER EINREICHUNGEN NACH LÄNDERN

[X] 210 deutschland   [X] 5 schweiz   [X] 8 österreich
[X] 2 england

gesamt >> 225

PAPIER

sponsor >> Inhalt_UPM Fine Paper; Schutzumschlag_Fedrigoni Deutschland

kategorien >>
1| Prospekte, Broschüren, Dokumentationen für Werbung
2| Prospekte, Broschüren, Dokumentationen für Public Relations
3| Prospekte, Broschüren, Salesfolder für Verkaufsförderung
4| Kataloge für Werbung und Verkaufsförderung
5| Kundenzeitschriften
6| Geschäftsberichte und Umweltberichte
7| Mitarbeiter- bzw. Werkszeitschriften und -zeitungen

besonderheiten >> Qualitativ hochwertige Druckschriften von der Konzeption bis zur Umsetzung

ANZAHL DER EINREICHUNGEN NACH PLATZIERUNGEN

kategorie	einreichungen	gold	silber	bronze	diplom	gesamt
1	47	1	0	0	4	5
2	47	1	1	1	7	10
3	25	2	1	5	3	11
4	19	0	1	1	3	5
5	25	1	1	3	1	6
6	54	0	1	3	2	6
7	8	0	0	0	0	0
gesamt >>	225	5	5	13	20	43

druck >> firma	litho >> firma	fotografie >> firma
B.O.S.S Druck	Mirgel + Schneider	Digitalfoto Jochen Schreiner

Papier (Grammatur)
Inhalt_UPM Finesse premium silk, 150 g/m²; Schutzumschlag_Sirio Pearl graphite, 350 g/m²

AWARD

Ranking 2004

Medaillen-Ermittler
Gold // Silber // Bronze // Diplom // Gesamt

© Varus Verlag

Medaillen-Ermittler_¶

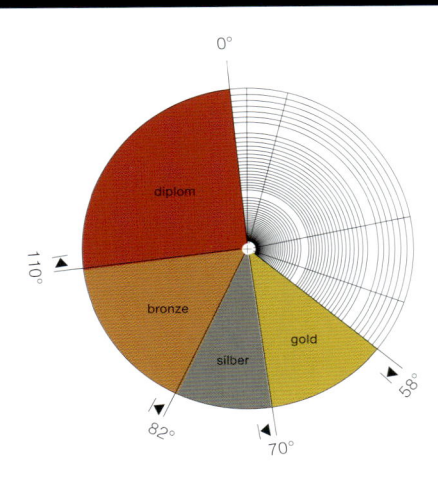

Die Winner_Überblick¶

58°-69° GOLD
- Leonhardt & Kern, Uli Weber Werbeagentur GmbH
- FH Wiesbaden, FB 05 Gestaltung
- Heye & Partner GmbH
- M.E.C.H. McCann Erickson Communications House Berlin GmbH
- Büro Hamburg JK. PW. Gesellschaft für Kommunikationsdesign mbH

70°-81° SILBER
- Lorenz Löbermann :elementare kommunikation
- TC GRUPPE GmbH Target Communications
- Hoffmann und Campe Verlag GmbH
- TC GRUPPE GmbH Target Communications
- Tillmanns, Ogilvy & Mather GmbH & Co. KG

82°-109° BRONZE
- Factor Design AG
- Nordpol + Hamburg Agentur für Kommunikation GmbH
- strichpunkt GmbH
- Factor Design AG
- Hesse Design GmbH
- Factor Design AG
- MAGMA [Büro für Gestaltung]
- Hoffmann und Campe Verlag GmbH
- Büro Hamburg JK. PW. Gesellschaft für Kommunikationsdesign mbH
- Büro Hamburg JK. PW. Gesellschaft für Kommunikationsdesign mbH
- Scheufele Kommunikationsagentur GmbH
- strichpunkt GmbH
- häfelinger+wagner design gmbh

110°-151° DIPLOM
- Meiré und Meiré AG
- ARTelier Reiss
- strichpunkt GmbH
- Leonhardt & Kern, Uli Weber Werbeagentur GmbH
- united ideas, Agentur für Kommunikation
- büro uebele visuelle kommunikation
- Jeanmaire & Michel AG, Kommunikations- und Werbeagentur
- FH Düsseldorf FB Design
- jung und pfeffer : visuelle kommunikation
- UMPR Ute Middelmann Public Relations GmbH
- Verlag Hermann Schmidt Mainz GmbH & Co. KG/Maxbauer und Maxbauer/strichpunkt GmbH
- PUBLICIS Frankfurt GmbH
- Serviceplan Werbeagentur Erste Unit GmbH
- Schindler, Parent & Cie. GmbH
- häfelinger+wagner design gmbh
- Change Communication GmbH
- Simon & Goetz Design GmbH & Co. KG
- KW43 BRANDDESIGN
- Montfort Werbung GmbH/Crosscom Group

Agentur_Einreicher	Gold (5)*	Silber (3)*	Bronze (2)*	Diplom (1)*	Gesamt
Büro Hamburg JK. PW. Gesellschaft für Kommunikationsdesign GmbH	X		XX		9
Leonhardt & Kern, Uli Weber Werbeagentur GmbH	X			X	6
TC GRUPPE GmbH Target Communications		XX			6
Factor Design AG			XXX		6
Fachhochschule Wiesbaden, FB 05 Gestaltung	X				5
Heye & Partner GmbH	X				5
M.E.C.H. McCann Erickson Communications House Berlin	X				5
Hoffmann und Campe Verlag GmbH		X	X		5
strichpunkt agentur für visuelle kommunikation GmbH			XX	X	5
Lorenz Löbermann:elementare kommunikation für Buchbinderei Burkhardt AG		X			3
Tillmanns, Ogilvy & Mather GmbH & Co. KG		X			3
häfelinger + wagner design gmbh			X	X	3
Hesse Design GmbH			X		2
MAGMA [Büro für Gestaltung]			X		2
Nordpol + Hamburg Agentur für Kommunikation GmbH			X		2
Scheufele Kommunikationsagentur GmbH			X		2
Meiré und Meiré AG				XX	2
ARTelier Reiss				X	1
büro uebele visuelle kommunikation				X	1
Change Communication GmbH				X	1
Fachhochschule Düsseldorf FB Design				X	1
Jeanmaire & Michel AG, Kommunikations- und Werbeagt. für W. Gassmann AG				X	1
jung und pfeffer : visuelle kommunikation für ASCO STURM dRUCK GmbH				X	1
KW43 BRANDDESIGN				X	1
Montfort Werbung GmbH/Crosscom Group				X	1
PUBLICIS Frankfurt GmbH				X	1
Schindler, Parent & Cie. GmbH				X	1
Serviceplan Werbeagentur Erste Unit GmbH für Rodenstock GmbH				X	1
Simon & Goetz Design GmbH & Co. KG				X	1
UMPR Ute Middelmann Public Relations GmbH				X	1
united ideas, Agentur für Kommunikation				X	1
Verlag Hermann Schmidt Mainz GmbH & Co. KG/ Maxbauer und Maxbauer/strichpunkt GmbH				X	1
GESAMT	5	5	13	20	43

* —> Anzahl der Punkte pro verliehenen Award

WINNER 2004 → Seite 52-53

AWARD
Winner 2004

Gold // Silber // Bronze // Diplom

© Varus Verlag

–› GOLD

→ Das Markenbuch
Leonhardt & Kern, Uli Weber Werbeagentur GmbH
Leonhardt & Kern, Uli Weber Werbeagentur GmbH
Kategorie_Prospekte, Broschüren,
Dokumentationen für Werbung_

→ DAS VIERTE BUCH –
   Jahrbuch für Gestaltung 2004
Fachhochschule Wiesbaden, Fachbereich 05 Gestaltung/
Verlag Hermann Schmidt Mainz
Fachhochschule Wiesbaden, Fachbereich 05 Gestaltung
Kategorie_Prospekte, Broschüren,
Dokumentationen für PR_

→ Die Kulturschätze des Irak
Deutsche UNESCO-Kommission
Heye & Partner GmbH
Kategorie_Prospekte, Broschüren,
Salesfolder für Verkaufsförderung_

→ FLY THE WLD
Deutsche Lufthansa AG
M.E.C.H. McCann Erickson Communications House Berlin GmbH
Kategorie_Prospekte, Broschüren,
Dokumentationen für PR_

→ Greenpeace Magazin 01/04 –
   »Die Welt auf Kriegskurs«
Greenpeace Media GmbH
Büro Hamburg JK. PW.
Gesellschaft für Kommunikationsdesign mbH
Kategorie_Kundenzeitschriften_

–› SILBER

→ Bücher sind: Liebespartner in Wartestellung
Buchbinderei Burkhardt AG
Lorenz Löbermann :elementare kommunikation
Kategorie_Prospekte, Broschüren,
Dokumentationen für PR_

→ Produktkatalog Mercedes-Benz SLR McLaren
DaimlerChrysler AG
TC GRUPPE GmbH Target Communications
Kategorie_Prospekte, Broschüren,
Salesfolder für Verkaufsförderung_

→ Der BMW 6er
Bayerische Motoren Werke AG
Hoffmann und Campe Verlag GmbH, Corporate Publishing
Kategorie_Kataloge für Werbung
und Verkaufsförderung_

→ Maybach Moments 03
DaimlerChrysler AG
TC GRUPPE GmbH Target Communications
Kategorie_Kundenzeitschriften_

→ Der eingebildete Kranke
Ogilvy & Mather GmbH Werbeagentur
Tillmanns, Ogilvy & Mather GmbH & Co. KG
Kategorie_Geschäfts- und Umweltberichte_

Legende (Aufbau): Titel der Einreichung, Auftraggeber, Agentur, Kategorie

→ BRONZE

→ Bewerbungsschrift Kulturhauptstadt 2010
Kulturreferat der Stadt Augsburg
Factor Design AG
Kategorie_Prospekte, Broschüren,
Dokumentationen für PR_

→ Mein erstes Tor
goool sportswear GmbH
Nordpol + Hamburg
Agentur für Kommunikation GmbH
Kategorie_Prospekte, Broschüren,
Dokumentationen für PR_

→ »Heartbeat Moments« Diary 2004
Papierfabrik Scheufelen GmbH + Co. KG
strichpunkt GmbH
Kategorie_Prospekte, Broschüren,
Salesfolder für Verkaufsförderung_

→ COR Jubiläumsbuch
COR Sitzmöbel Helmut Lübke GmbH & Co KG
Factor Design AG
Kategorie_Prospekte, Broschüren,
Salesfolder für Verkaufsförderung_

→ Haus Morp
Dieter Kotulla
Hesse Design GmbH
Kategorie_Prospekte, Broschüren,
Salesfolder für Verkaufsförderung_

→ 10Y FD
Factor Design AG
Factor Design AG
Kategorie_Prospekte, Broschüren,
Salesfolder für Verkaufsförderung_

→ VERSUS FTS_VS_PIX
MAGMA [Büro für Gestaltung]/ Christian Ernst
MAGMA [Büro für Gestaltung]
Kategorie_Kataloge für Werbung
und Verkaufsförderung_

→ BMW Magazin
Bayerische Motoren Werke AG
Hoffmann und Campe Verlag GmbH,
Corporate Publishing
Kategorie_Kundenzeitschriften_

→ Greenpeace Magazin 05/03 -
Magazinstrecke »Mausetot«
Greenpeace Media GmbH
Büro Hamburg JK. PW.
Gesellschaft für Kommunikationsdesign mbH
Kategorie_Kundenzeitschriften_

→ Greenpeace Magazin 02/04 -
Magazinstrecke »Gen-Alarm«
Greenpeace Media GmbH
Büro Hamburg JK. PW.
Gesellschaft für Kommunikationsdesign mbH
Kategorie_Kundenzeitschriften_

→ Geschäftsbericht 2003 der GfK AG
GfK AG
Scheufele Kommunikationsagentur GmbH
Kategorie_Geschäfts- und Umweltberichte_

→ »Werte«
schlott gruppe AG
strichpunkt GmbH
Kategorie_Geschäfts- und Umweltberichte_

→ adidas-Salomon AG Geschäftsbericht 2003
»We will«.
adidas-Salomon AG, World of Sports
häfelinger+wagner design gmbh
Kategorie_Geschäfts- und Umweltberichte_

→ DIPLOM

→ Tara. Armatur und Archetypus.
Eine Huldigung.
Aloys F. Dornbracht GmbH & Co. KG Armaturenfabrik
Meiré und Meiré AG
Kategorie_Prospekte, Broschüren,
Dokumentationen für PR_

→ Rheinhessen. Skandalös gut!
Das Weinkontor e.K.
ARTelier Reiss
Kategorie_Prospekte, Broschüren,
Dokumentationen für Werbung_

→ »Ignition«/
Imagebroschüre der DaimlerChrysler AG
DaimlerChrysler AG
strichpunkt GmbH
Kategorie_Prospekte, Broschüren,
Dokumentationen für Werbung_

→ Wege zur Reinhheit
Erlus AG
Leonhardt & Kern, Uli Weber Werbeagentur GmbH
Prospekte, Broschüren, Dokumentationen
für Werbung_

→ Consort Royal – Ein Erscheinungsbild
ist erst vollkommen, wenn es ganzheitlich
gedacht ist.
Papierfabrik Scheufelen GmbH+Co. KG
united ideas, Agentur für Kommunikation
Kategorie_Prospekte, Broschüren,
Dokumentationen für Werbung_

→ andreas uebele weg zeichen/
my type of place
büro uebele visuelle kommunikation
büro uebele visuelle kommunikation
Kategorie_Prospekte, Broschüren,
Dokumentationen für PR_

→ Friede Freiheit Sicherheit.
VBS – Eidgenössisches Departement für Verteidigung,
Bevölkerungsschutz und Sport, Bern
Jeanmaire & Michel AG, Kommunikations- & Werbeagentur
Kategorie_Prospekte, Broschüren,
Dokumentationen für PR_

→ FH D Kommunikationsmedien
Fachhochschule Düsseldorf
Fachhochschule Düsseldorf, Fachbereich Design
Kategorie_Prospekte, Broschüren,
Dokumentationen für PR_

→ Kulturhauptstadt Europas 2010
Bremen 2010. Projekt Kulturhauptstadt Europas
c/o Bremen Marketing GmbH
jung und pfeffer : visuelle kommunikation Bremen/Amsterdam
Kategorie_Prospekte, Broschüren,
Dokumentationen für PR_

→ HH₂ – Hamburg kommt an mit Wasserstoff!
Hamburger Hochbahn AG
UMPR Ute Middelmann Public Relations GmbH
Kategorie_Prospekte, Broschüren,
Dokumentationen für PR_

→ Das Maß aller Dinge – DTP-Typometer
Verlag Hermann Schmidt Mainz GmbH & Co. KG/
Maxbauer und Maxbauer/strichpunkt GmbH
Kategorie_Prospekte, Broschüren,
Salesfolder für Verkaufsförderung_

→ Sicherheit zählt
Renault Nissan Deutschland AG
PUBLICIS Frankfurt GmbH
Kategorie_Prospekte, Broschüren,
Salesfolder für Verkaufsförderung_

→ Rodenstock Leistungsbroschüre
Rodenstock GmbH, Marketing Intelligence & Communications
Serviceplan Werbeagentur Erste Unit GmbH, München
Kategorie_Prospekte, Broschüren,
Salesfolder für Verkaufsförderung_

→ Händlerkatalog
HSW-HANSEATIC SPORTSWEAR GmbH
Schindler, Parent & Cie. GmbH
Kategorie_Kataloge für Werbung
und Verkaufsförderung_

→ Linda Schwarz Ausstellungskatalog
Linda Schwarz, Bad Homburg
häfelinger+wagner design gmbh
Kategorie_Kataloge für Werbung
und Verkaufsförderung_

→ Campari Red Passion Book
Campari Deutschland GmbH/Campari International
Change Communication GmbH (Lowe Communication Group)
Kategorie_Kataloge für Werbung
und Verkaufsförderung_

→ »214plus/215plus«, Kundenmagazin der
Privatbank Sal. Oppenheim jr. & Cie.
Sal. Oppenheim jr. & Cie. KGaA
Simon & Goetz Design GmbH & Co. KG
Kategorie_Kundenzeitschriften_

→ Linde Geschäftsbericht 2003/Morgen
Linde AG
KW43 BRANDDESIGN
Kategorie_Geschäfts- und Umweltberichte_

→ Faszination Innovation
GILDEMEISTER AG
Montfort Werbung GmbH/Crosscom Group
Kategorie_Geschäfts- und Umweltberichte__

AWARD
Jury 2004

Werbung/PR/VKF, Grafik-Design, Typografie, Fotografie, Repro/Druck, Weiterverarbeitung

© Varus Verlag

-> JURY 2004

- 1_Dr. Susanne von Bassewitz_Public Relations // Konzeption & Text_e.on AG
- 2_Steve Brodnik_Grafik-Design/Typografie_Lowe GGK
- 3_Margret Dreyer_Werbung // Konzeption & Text_Postbank Zentrale
- 4_Michael Cremer_Verkaufsförderung // Konzeption & Text_Sparkasse Köln/Bonn
- 5_Jürgen Erlebach_Grafik-Design/Typografie_MERZ Werbeagentur GmbH
- 6_Christoph Fein_Fotografie_Fotostudio Horster Mühle
- 7_Heinz Fischer_Verkaufsförderung // Konzeption & Text_Pelikan Vertriebsgesellschaft
- 8_Heide Hackenberg_Werbung // Konzeption & Text_Allianz Deutscher Designer
- 9_Hanspeter Heckel_Public Relations // Konzeption & Text_w & v
- 10_Robert Hess_Reproduktion/Druck/Buchbinderische Weiterverarbeitung_Gauselmann AG
- 11_Christine Hesse_Grafik-Design/Typografie_Hesse Design GmbH
- 12_Peter Heßler_Grafik-Design/Typografie_PHCC Peter Heßler Agentur für Corporate Communication
- 13_Thomas Jütte_Werbung // Konzeption & Text_Jütte/Berger/Stawicki WA GWA
- 14_Jan Klages_Reproduktion/Druck/Buchbinderische Weiterverarbeitung_Druckvogt GmbH
- 15_Karlheinz Koch_Reproduktion/Druck/Buchbinderische Weiterverarbeitung_Druckerei K. Koch

→ 19

→ 20

→ 21

→ 22

→ 23

→ 24

→ 25

→ 26

→ 27

→ 28

→ 29

→ 16_Klaus Kuhn_Grafik-Design/Typografie_Kuhn, Kammann & Kuhn AG

→ 17_Günter Pfannmüller_Fotografie_Studio Pfannmüller

→ 18_Ulrike Pötschke_Grafik-Design/Typografie_EURO RSCG

→ 19_Bernd Rehling_Reproduktion/Druck/Buchbinderische Weiterverarbeitung_
  Rehling Graphischer Betrieb GmbH

→ 20_Stefan Rögener_Grafik-Design/Typografie_AdFinder GmbH

→ 21_Wolfgang Schubert_Schubert GMD/Industrieberatung Wolfgang Schubert

→ 22_Frank Schumacher_Fotografie_Hochschule für Gestaltung Offenbach

→ 23_Till K. Uhle_Public Relations // Konzeption & Text_Rosenthal AG

→ 24_Franz-Rudolf Vogl_Reproduktion/Druck/Buchbinderische Weiterverarbeitung_
  DIV Vogl GmbH

→ 25_Urs Wiezel_Werbung // Konzeption und Text_S&W Werbeagentur BSW

→ 26_Axel Wallrabenstein_Public Relations // Konzeption & Text_Publicis PR GmbH

→ 27_Werner Wynistorf_Verkaufsförderung_Konzeption & Text_Trainer

→ 28_Jörg Ziegler_Reproduktion/Druck/Buchbinderische Weiterverarbeitung_
  Lüderitz & Bauer GmbH

→ 29_Dieter Ullmann_Bundesverband Druck und Medien e.V.

KAMPAGNEN → Seite 58-59

KAMPAGNEN
Berliner Type 2004
Gold // Silber // Bronze // Diplom

-› KAMPAGNEN¶

Seite 58-69
-›Gold¶

Seite 70-81
-›Silber¶

Seite 82-109
-› Bronze¶

Seite 110-151
-› Diplom¶

Seite 152-158
-› Anhang/Register¶

58°

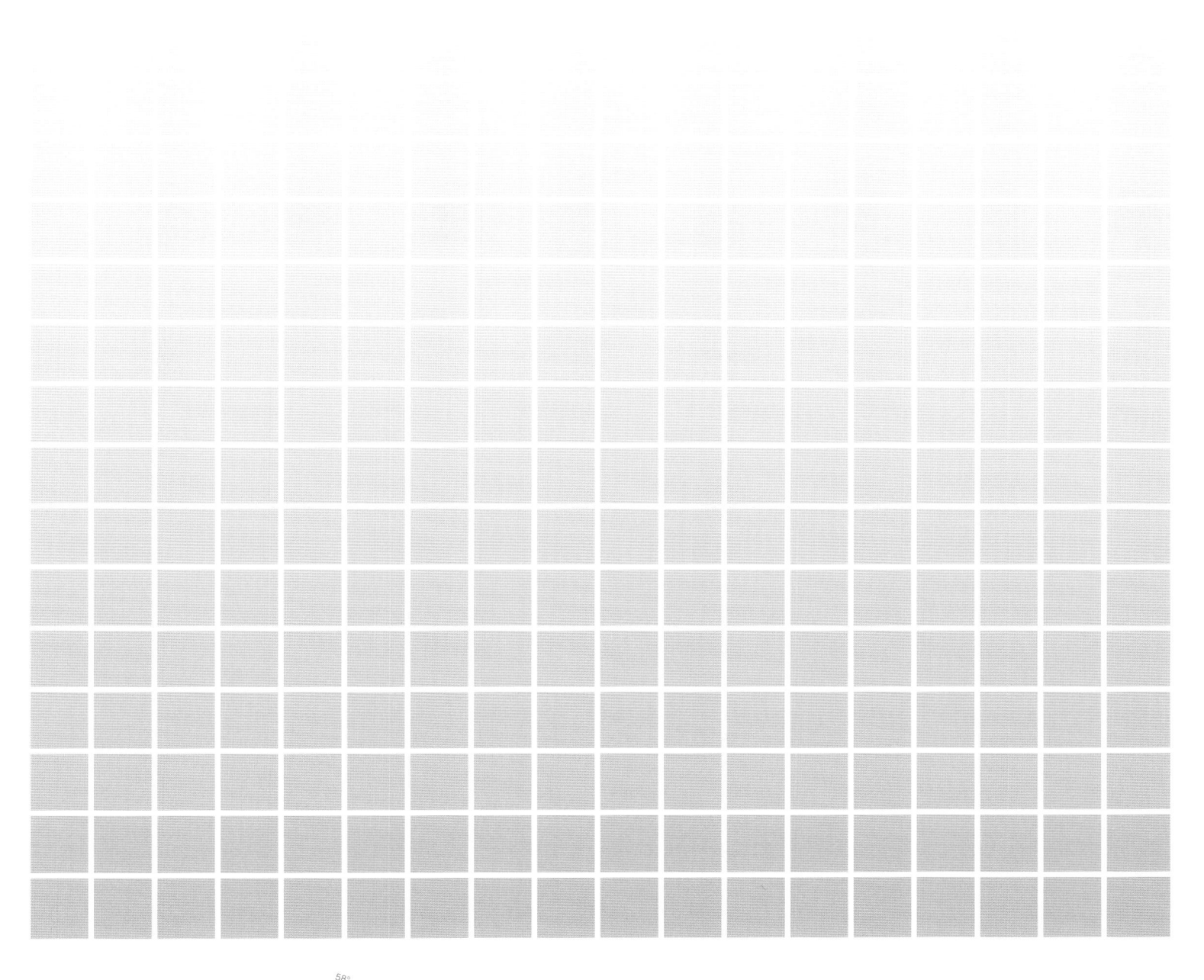

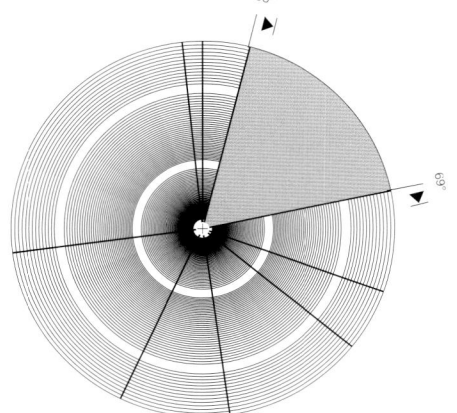

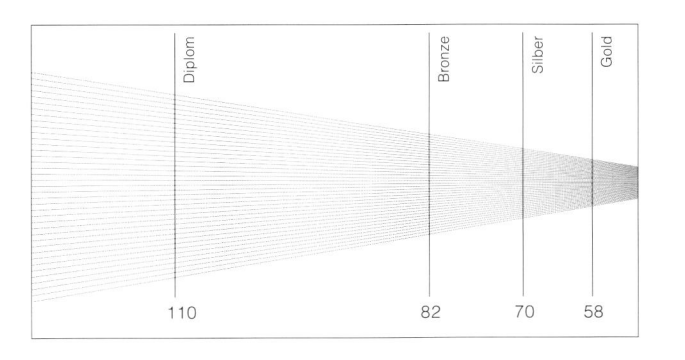

.69

	Diplom		Bronze	Silber	Gold
110			82	70	58

GOLD → Seite 60–61

-→ KATEGORIE_PROSPEKTE, BROSCHÜREN, DOKUMENTATIONEN FÜR WERBUNG_
→ Titel_Einreichung_Das Markenbuch
→ Zielgruppe_Marketing- und Werbeleiter
→ Kommunikationsziel_Neugeschäftsakquisition durch Dokumentation der bisher und aktuell von Leonhardt & Kern betreuten Marken

→ Auftraggeber_Leonhardt & Kern, Uli Weber Werbeagentur GmbH
→ Verantwortlich_Uli Weber
→ Agentur_Leonhardt & Kern, Uli Weber Werbeagentur GmbH
→ Verantwortlich_ CD_Uli Weber // AD_Jörg Bauer
→ Produktion/Satz_Annette Vieser // Grafik/Litho_Jörg Bauer
→ Druck_Lutz Geisert // Buchbindung_Susanne Günzler

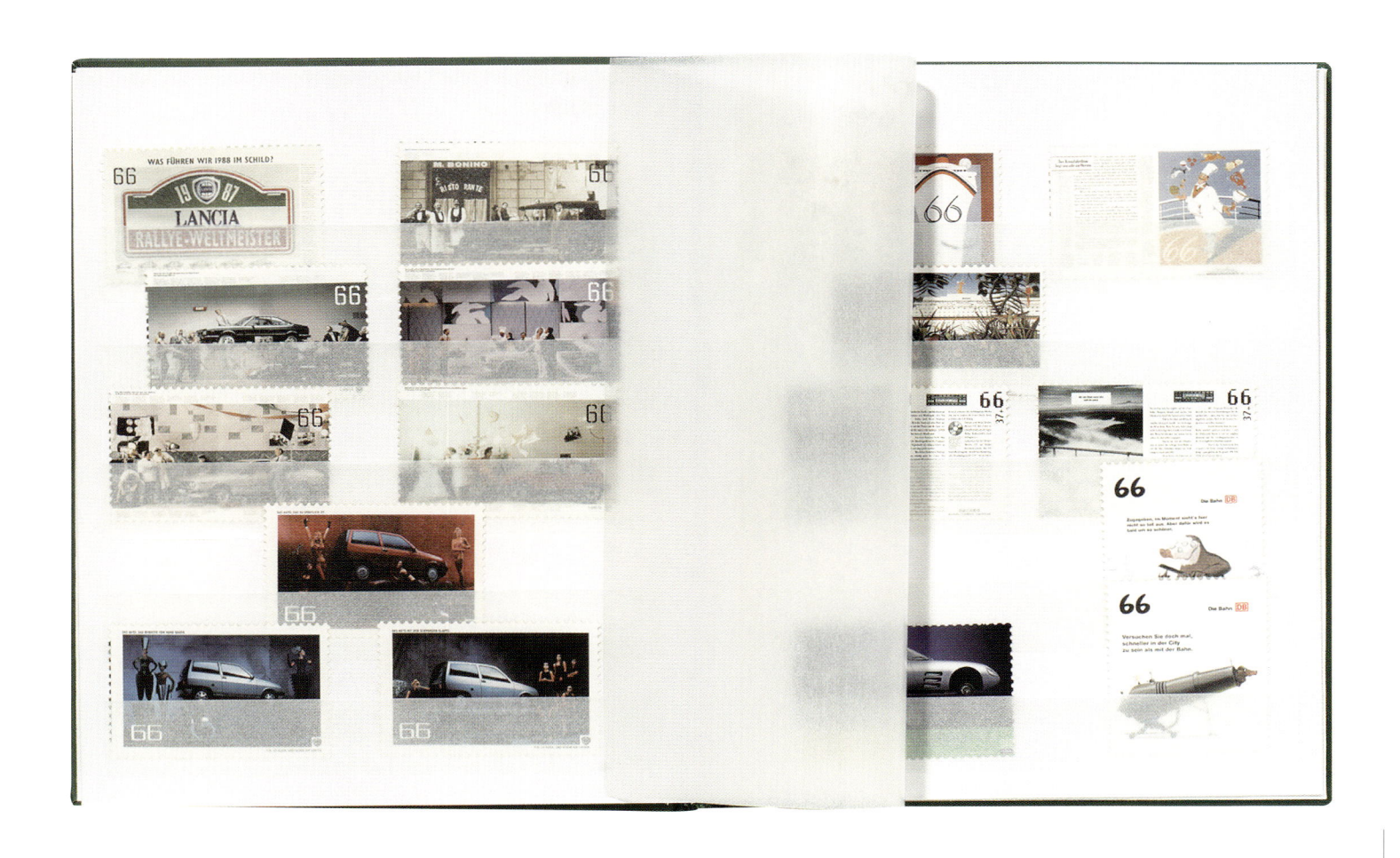

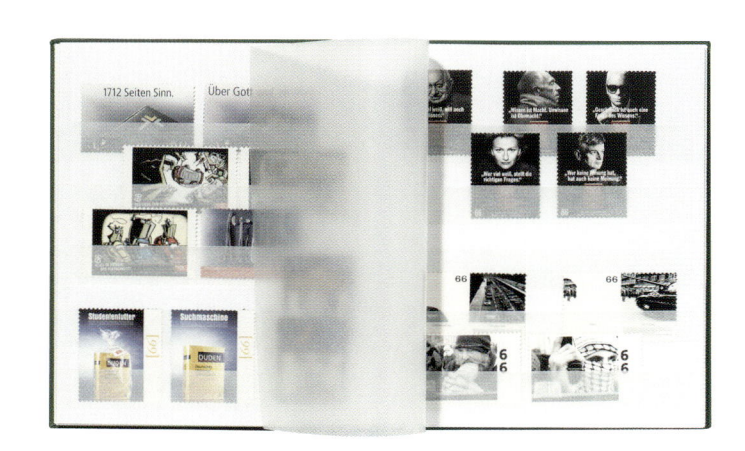

→ Jurybegründung_Portfolio der ewas anderen Art als höchst originelle Selbstdarstellung einer Kreativ-Agentur: Briefmarken als Analogie realer Marken- und Kundenbezüge – in einer Aufmachung, die sich an Postschalter und Markenausgabe anlehnt, jedoch als Spaß und Analogie sofort zu verstehen ist.¶

GOLD → Seite 62–63

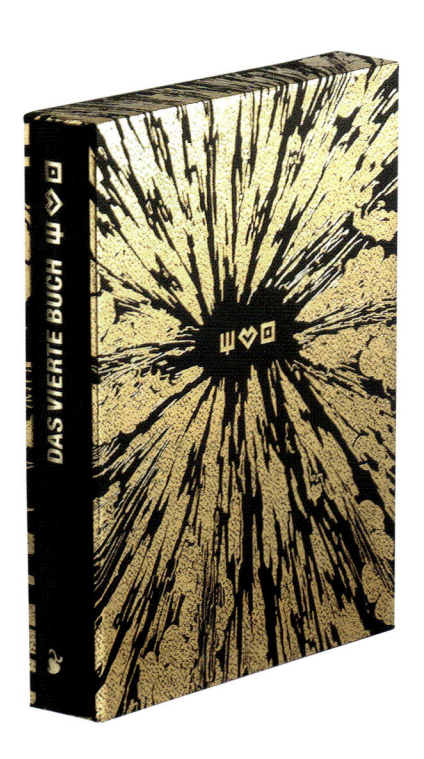

- → KATEGORIE_PROSPEKTE, BROSCHÜREN,
  DOKUMENTATIONEN FÜR PR_¶
- → Titel_Einreichung_DAS VIERTE BUCH – Jahrbuch für Gestaltung 2004¶
- → Zielgruppe_Partner, Förderer und Freunde des Fachbereichs Gestaltung
  der FH Wiesbaden; Studierende, Ehemalige sowie Meinungsmacher¶
- → Kommunikationsziel_Ansprechende Dokumentation des breiten Leistungs-

spektrums des Fachbereichs. Auch das vierte Jahrbuch muss sich an Low-Budget-
Vorgaben orientieren und ist im Verbund mit Partnern zu entwickeln¶

- → Auftraggeber_Fachhochschule Wiesbaden, Fachbereich 05 Gestaltung/
  Verlag Hermann Schmidt Mainz¶
- → Verantwortlich_Prof. Gregor Krisztian¶
- → Agentur_Fachhochschule Wiesbaden, Fachbereich 05 Gestaltung¶

→ Konzept/Redaktion/Entwurf/Produktion_Eugenia Knaub,
Victoria Sarapina, Sandra Ott, Nina Hitze und Georg Dejung¶
→ Verantwortlich_Projektleitung_ Prof. Gregor Krisztian¶
→ Grafik/Satz/Litho_Studentisches Team¶
→ Weiterverarbeitung_ Buchbinderei Gehring, Bielefeld/ Bölling Prägedruck,
Bad Soden a.T.¶

→ Druck_Raiffeisendruckerei Neuwied¶
→ Jurybegründung_Die Leistungsschau der FH Wiesbaden setzt komplett auf das Thema Bibel – in der Bildsprache, in den Texten, beim Papier, im Druck und in der Verarbeitung (z.B. beim Schuber). Gestaltung wird hier in der Tat auch haptisch erlebbar.¶

GOLD → Seite 64–65

- → KATEGORIE_PROSPEKTE, BROSCHÜREN,
  SALESFOLDER FÜR VERKAUFSFÖRDERUNG_¶
- → Titel_Einreichung_Die Kulturschätze des Irak¶
- → Zielgruppe_Die hundert reichsten und einflussreichsten Deutschen¶
- → Kommunikationsziel_Generierung von Spenden und Erzeugung von
  Aufmerksamkeit für die Arbeit der UNESCO im Irak¶

- → Auftraggeber_Deutsche UNESCO-Kommission¶
- → Verantwortlich_Traugott Schöfthaler¶
- → Agentur_Heye & Partner GmbH¶
- → Verantwortlich_CD_Reinhard Crasemann // AD_Michael Theuner¶
- → Text_Candan Sasmaz // (Kunden-)Beratung/Kontakt_Ralf Höpfner¶

→ Jurybegründung_Fundraising bedient sich der klassischen Marketinginstrumente für die Mittelbeschaffung. Im vorliegenden Falle machte es sich die UNESCO zur Aufgabe, Mittel für den Wiederaufbau der Nationalbibliothek und des Nationalmuseums in Bagdad zu beschaffen.¶

→ Die Aufgabe_Dramatische Ereignisse dramatisch darstellen. Heye & Partner wählte dazu die Form eines Buches. Außergewöhnlich daran ist der Inhalt: Sämtliche Seiten wurden blindwütig herausgerissen. Geblieben sind Reste – die so exemplarisch darstellen, was im Irak passierte.¶

→ Die Reaktion_Die ausgewählte Zielgruppe verstand die Botschaft und hat der UNESCO beachtliche Mittel für die Aufgaben zur Verfügung gestellt.¶

→ Fazit_Eine heikle Botschaft eindrücklich und berührend dargestellt.¶

¶¬

GOLD → Seite 66–67

2004_BERLINER TYPE_Internationaler Druckschriftenwettbewerb

FLY THE WLD

2004

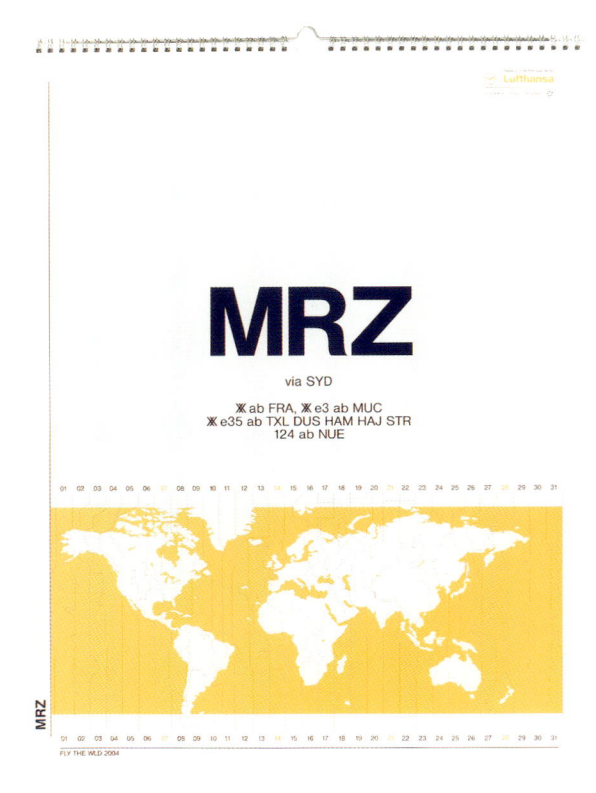

MRZ

via SYD

→ KATEGORIE_PROSPEKTE, BROSCHÜREN,
DOKUMENTATIONEN FÜR PR_¶
→ Titel_Einreichung_FLY THE WLD¶
→ Zielgruppe_Besucher, Kunden und Mitarbeiter der Lufthansa City Center¶
→ Kommunikationsziel_Statt der üblichen Panoramabilder können sich Mitarbeiter und Kunden der Lufthansa City Centers über einen Kalender erfreuen, der nicht nur über das Streckennetz der Airline Deutsche Lufthansa informiert, sondern auch Wissenswertes über das (meist recht abgelegene) Reiseziel enthält.¶
→ Funktionsweise des Kalenders_Es ist ein wohlbekanntes Phänomen, dass unser Gehirn selbst dann Wörter erkennt, wenn deren Buchstaben vertauscht wurden oder gar ganz fehlen. Wir machten uns diese Mechanik zunutze, indem wir verschiedene IATA-Codes der Destinationen, die mit Hilfe von Lufthansa welt weit zu erreichen sind, zu Monatsnamen zusammenfügten. Zum Beispiel: Agu Sut.¶

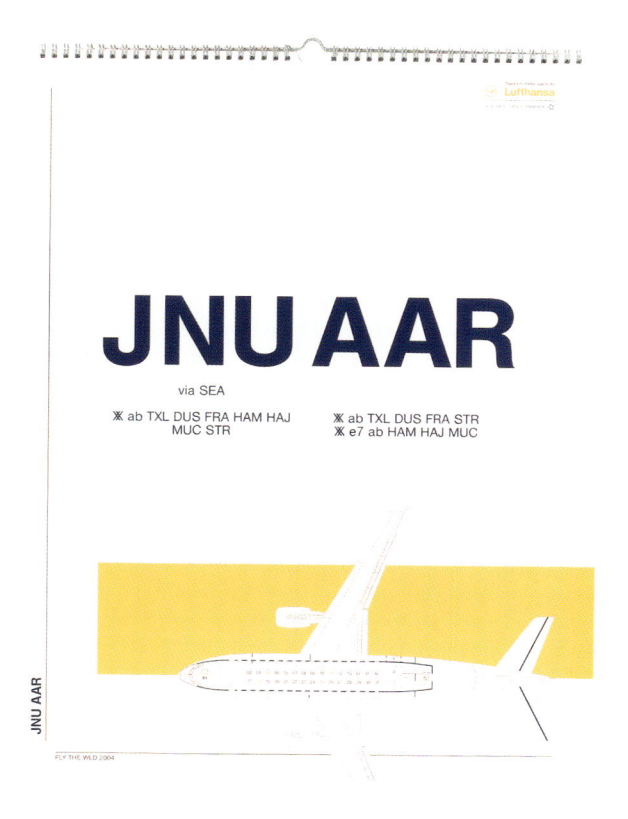

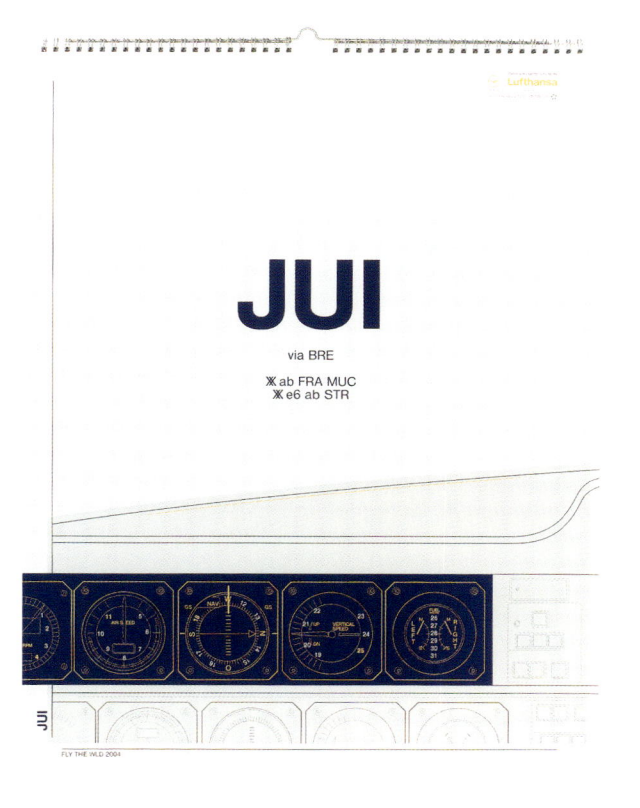

→ Auftraggeber_Deutsche Lufthansa AG¶
→ Verantwortlich_Leiterin/Werbung und Markenführung_Benita Struve (Teamleiterin)// Werbung und Mediaplanung_Peter Görzel¶
→ Agentur_M.E.C.H. McCann Erickson Communications House Berlin GmbH¶
→ Verantwortlich_Executive CD_Torsten Rieken¶
→ Text_Alexander Rehm // AD_Thorsten Müller¶
→ Grafik/Layout_Duc Nguyen

→ Account Director_Christiane Thilo¶
→ Client Service Director_Beate van den Berg ¶
→ Jurybegründung_Durchgängig intelligent inszeniert; spannende, sogar witzig-charmante Motive. Ein stimmiges Konzept greift die IATA-Codes auf und setzt sie in Monatsnamen um. Der Look verzichtet auf Fotos und setzt das Thema dennoch CI-gerecht mittels Illustrationen um.¶

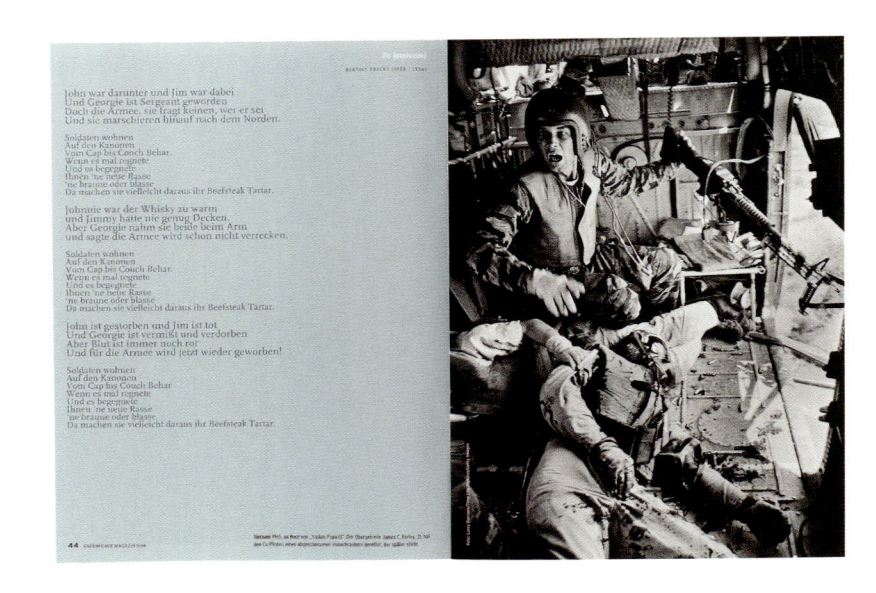

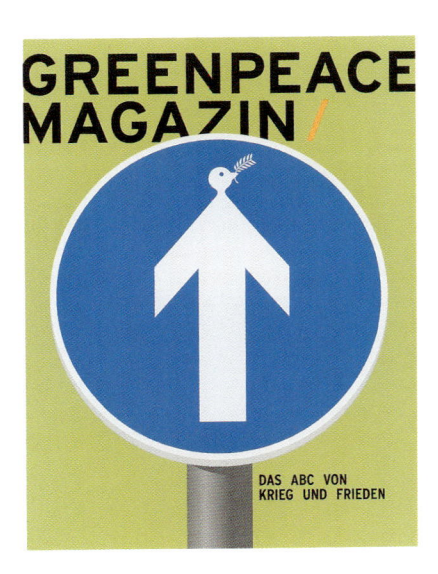

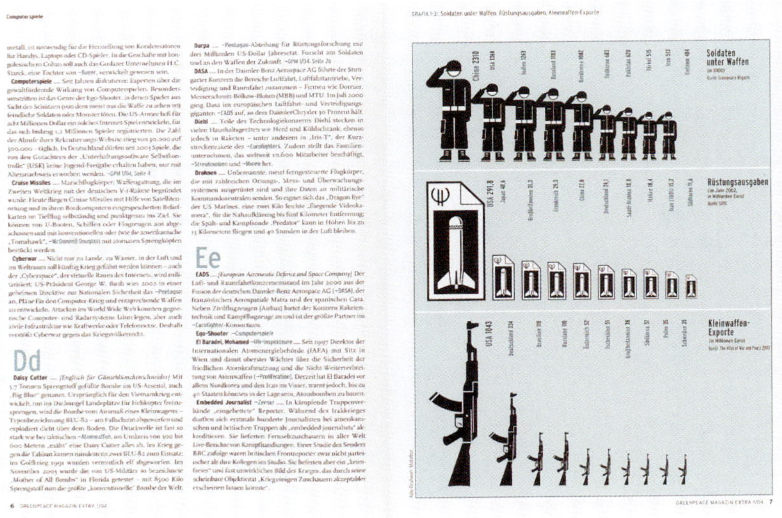

-→ KATEGORIE_KUNDENZEITSCHRIFTEN_¶

→ Titel_Einreichung_Greenpeace Magazin 01/04 –
»Die Welt auf Kriegskurs«¶

→ Zielgruppe_Interessierte, breite Öffentlichkeit¶

→ Kommunikationsziel_Politisch unabhängige Berichterstattung aus den
Bereichen Umwelt, Politik und Soziales¶

→ Auftraggeber_Greenpeace Media GmbH¶

→ Verantwortlich_Greenpeace Media GmbH¶

→ Chefredaktion_Jochen Schildt¶

→ AD/Foto_Kerstin Leesch¶

¶

→ Agentur_Büro Hamburg JK. PW. Gesellschaft für Kommunikationsdesign mbH¶
→ Verantwortlich_AD/Gestaltung_Bettina Rosenow¶
→ Layout_Katja Kleinebrecht, Bettina Rosenow¶
→ Litho_W & Co. Mediaservices Hamburg GmbH + Co. KG¶
→ Druck_Johler Druck GmbH¶

→ Jurybegründung_Dieser Ausgabe sieht man an, dass sich das Greenpeace Magazin auf bekanntem Territorium bewegt: Durchgängige Höchstleistungen in den Feldern Design, Typo und Foto beim Kampf für den Frieden. Eine Beilage unterstreicht die thematische Kompetenz. Rundum gelungen.¶

SILBER → Seite 70-71

70°

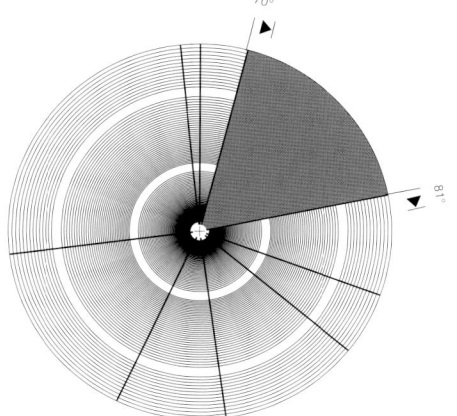

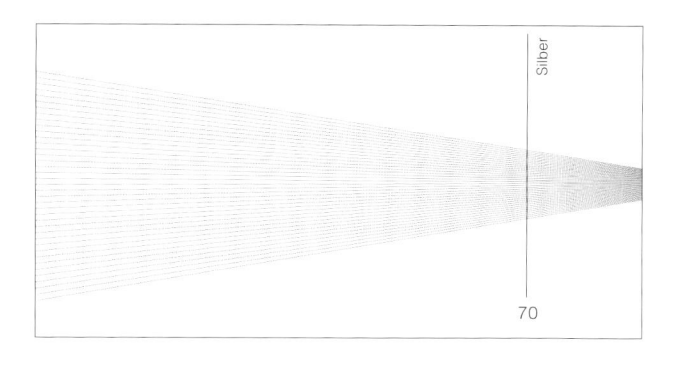

Silber

70

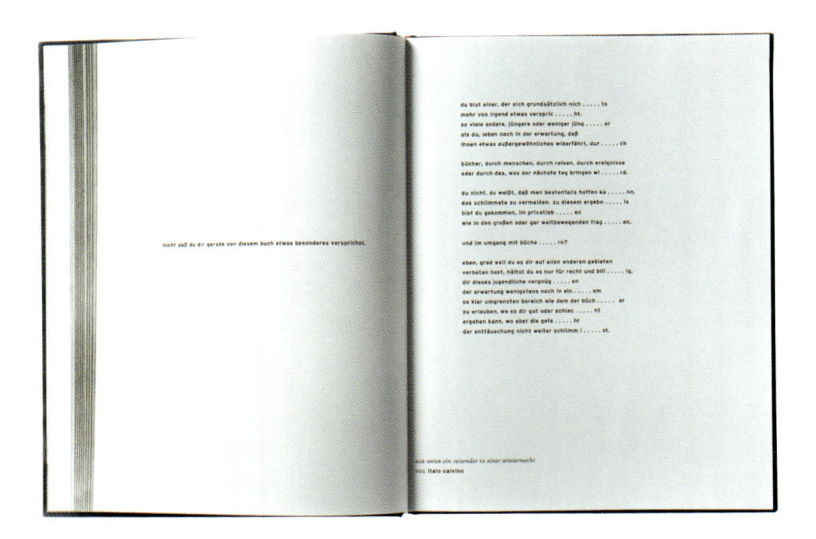

- › KATEGORIE_PROSPEKTE, BROSCHÜREN,
  DOKUMENTATIONEN FÜR PR_¶
- › Titel_Einreichung_Bücher sind: Liebespartner in Wartestellung¶
  Neujahrsbuchgabe der Buchbinderei Burkhardt AG¶
- › Zielgruppe_Verleger, Buchgestalter, Werber, Drucker; Kunden der
  Buchbinderei Burkhardt AG¶
- › Kommunikationsziel_Kunden die Dimension der buchbinderischen
  Gestaltungs- und Innovationsmöglichkeiten spüren lassen:
  Bubu. Der Buch-Architekt¶
- › Auftraggeber_Buchbinderei Burkhardt AG¶
- › Verantwortlich_Geschäftsleitung_Hans Burkhardt, Thomas Freitag¶

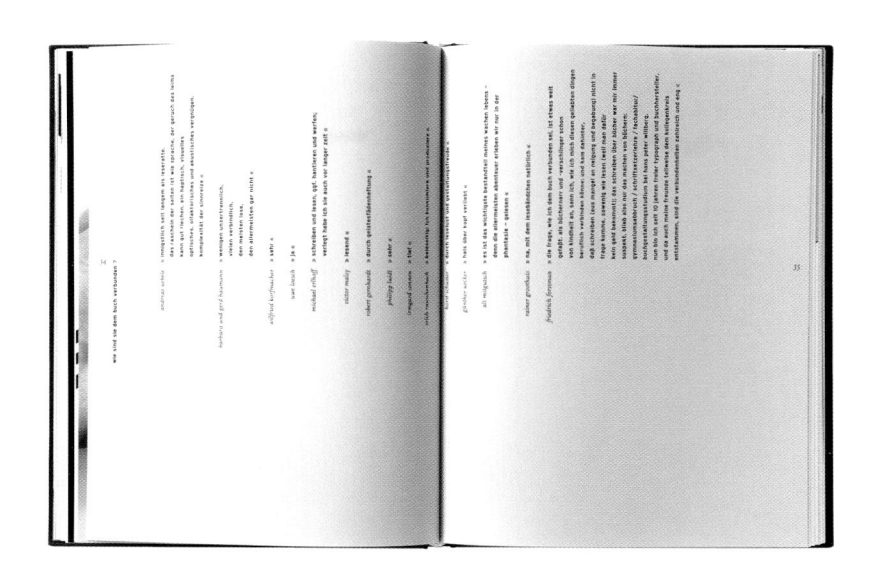

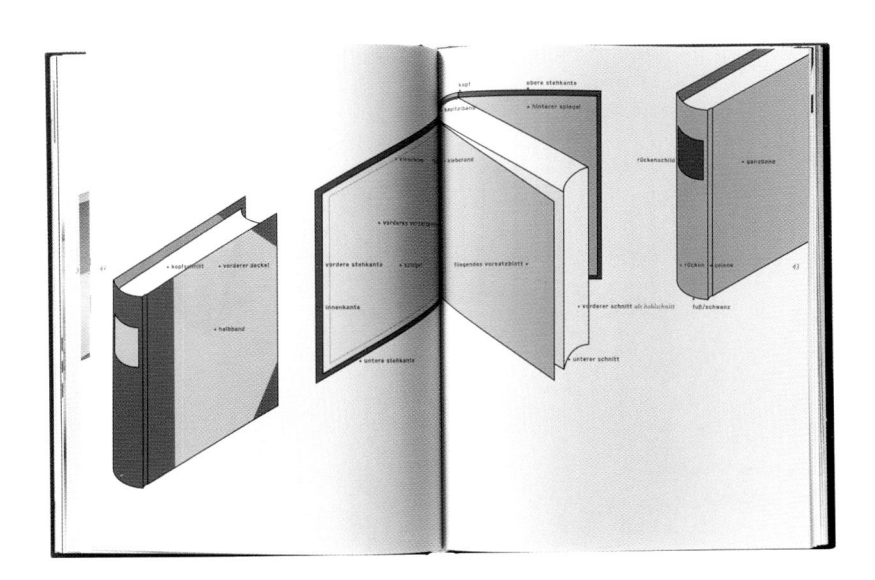

- → Agentur_Lorenz Löbermann :elementare kommunikation¶
- → Verantwortlich_CD/AD/Text/Grafik/Illustration_ Lorenz Löbermann :elementare kommunikation, Augsburg¶
- → Fotografie_Hartmut Laube, München¶
- → Produktion/Satz/Litho/Druck_Heer Druck AG, CH-Sulgen¶
- → Weiterverarbeitung_Buchbinderei Burkhardt AG¶
- → Jurybegründung_Liebeserklärung an das Medium Buch, die traditionelle, hochwertige Produktion und Verarbeitung mit modernem Design und unterhaltsamen Zitaten von bibliophilen Persönlichkeiten verbindet.¶

¶⌐

SILBER → Seite 74–75

-→ KATEGORIE_PROSPEKTE, BROSCHÜREN,
SALESFOLDER FÜR VERKAUFSFÖRDERUNG_¶
→ Titel_Produktkatalog Mercedes-Benz SLR McLaren¶
→ Zielgruppe_SLR-Kunden und Interessenten¶
→ Kommunikationsziel_Ausführliche Darstellung des Produktes mit Schwerpunkt auf Design und technischen Informationen. Der inhaltliche Umfang und die Qualität der Präsentation gehen dabei – entsprechend dem Top-Premium-Anspruch des Fahrzeugs – über das übliche Format von Mercedes-Benz Kundenkatalogen hinaus. Der hochwertige Katalog entspricht den SLR Specific CD Guidelines. Er wird im Schuber ausgeliefert, das Einbandmaterial Silk Touch Nuba ist mit UV-Lack bedruckt. Im Inneren unterstützt Relieflack die Bildsprache. Die Bildqualität entspricht der puristischen Tonalität des SLR und besticht durch 11-Farben-Druck im frequenzmodulierten Raster. Zusätzlich unterstützt Iriodin plastisch die Farbdarstellung des als »Silberpfeil des 21. Jahrhunderts« positionierten Fahrzeugs.¶

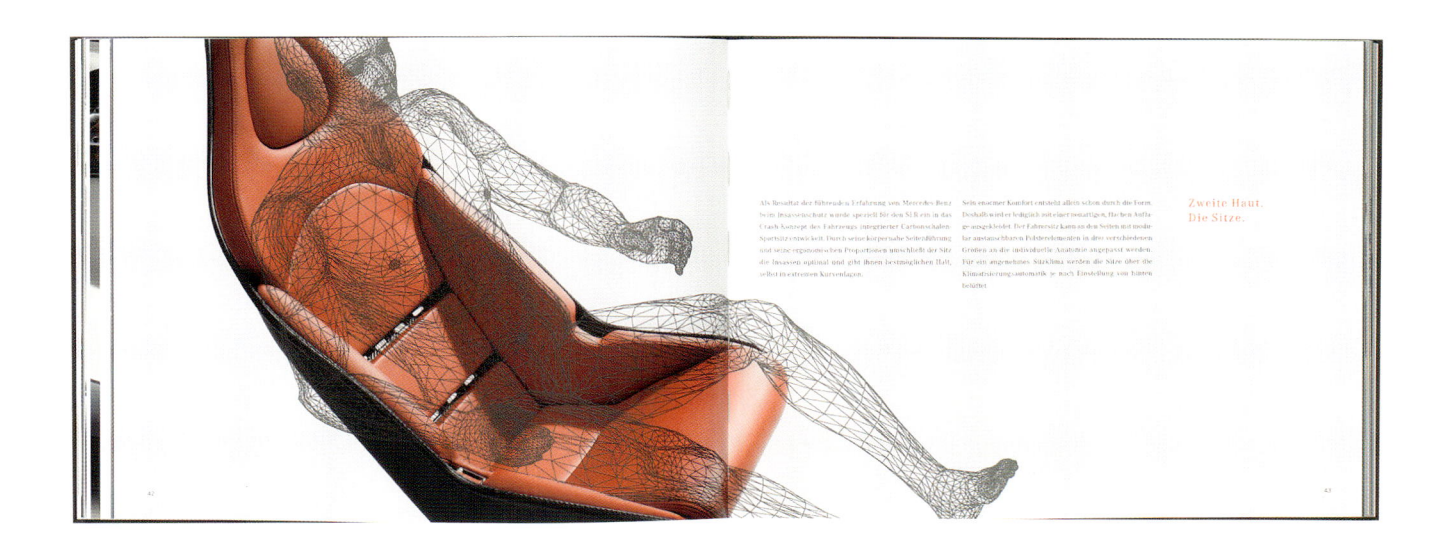

→ Auftraggeber_DaimlerChrysler AG
→ Verantwortlich_Paula Picareta, Stefan Brommer, Lothar Korn
→ Agentur_TC GRUPPE GmbH Target Communications
→ Verantwortlich_CD_Christian Crämer // AD_Daniela Deeg
→ Text und Redaktion_Gabriele Meinl // Beratung/Kontakt_Sonia Dean
→ Fotografie_Gaukler Studios // Satz_TC GRUPPE GmbH
→ Produktion_Anja Geib, TC GRUPPE GmbH/Factory 7 Prepress & Premedia
→ Litho_eder GmbH Medienmanagement
→ Druck_ColorDruck GmbH
→ Jurybegründung_Ein hochwertiges Buch im Schuber bewirbt ein hochwertiges Produkt. Details werden betont und unterstreichen kongruent den Anspruch des SLR McLaren. Qualität und Design sind konsequent umgesetzt. Die betonte Sportlichkeit des Fahrzeuges verdeutlicht zudem die Affinität zum Rennsport.

SILBER → Seite 76-77

-→ KATEGORIE_KATALOGE FÜR WERBUNG
   UND VERKAUFSFÖRDERUNG_¶
→ Titel_Einreichung_Der BMW 6er¶
→ Zielgruppe_BMW Kunden, 6er-Interessenten¶
→ Kommunikationsziel_Es soll Interessenten »Appetit« machen und dem
   Käufer die Wartezeit verkürzen helfen sowie ihn auf die Fahrfreude einstimmen.

»Der BMW 6er« erscheint in Deutsch, Amerikanisch, Britisch, Französisch, Italienisch, Japanisch und Koreanisch; in Deutschland, Österreich und der Schweiz geht das Buch in einem Festeinband mit Schuber in den Buchhandel.¶
→ Auftraggeber_Bayerische Motoren Werke AG¶
→ Verantwortlich_Objektleitung_Sabine Drechsler, Sabine Gigl¶

→ Agentur_Hoffmann und Campe Verlag GmbH, Corporate Publishing¶
→ Verantwortlich_CD_Dirk Linke¶
→ AD_Dirk Linke, Anna Clea Skoluda¶
→ Text_David E. Davis Jr., Wolfgang Peters, Herbert Völker, Yoshihiro Kimura¶
→ (Kunden-)Beratung/Kontakt_Marco Krönfeld, Dr. Kai Laakmann¶

→ Fotografie/Illustration_Uwe Düttmann, Kai-Uwe Gundlach et al.¶
→ Litho_PX 3, Hamburg // Druck_Kastner & Callwey, Forstinning¶
→ Weiterverarbeitung_Druckhaus Thomas Müntzer, Bad Langensalza¶
→ Jurybegründung_Ein Reisebilderbuch mit Auto: man träumt die Welt praktisch aus dem Auto heraus und wird Teil der gesamten Produktinszenierung.¶¬

-> KATEGORIE_KUNDENZEITSCHRIFTEN_¶

→ Titel_Einreichung_Maybach Moments 03¶

→ Zielgruppe_Maybach Kunden, Liebhaber der Marke und andere Interessenten¶

→ Kommunikationsziel_Fortführung des mit Maybach Moments 01 und 02 etablierten CRM-Tools, Markenbindung und Förderung der Maybach Community durch emotionale Ansprache in Form von Hintergrundinformation zur Marke und zu markenaffinen Lifestyle-Themen. Nach Geschichte und Gegenwart der Marke Maybach in den zwei vorangegangenen Ausgaben stehen nunmehr Lifestyle-Themen im Mittelpunkt. Interviews mit Persönlichkeiten sowie Event-Reportagen dokumentieren die Kundenresonanz zur Marke Maybach. Berichte über hochwertige Mode- und Handwerkskunst dokumentieren Aspekte des Maybach Lebensstils. Layout, Bildsprache und Tonalität wurden entsprechend dem Maybach-CD fortgeführt.¶

→ Auftraggeber_DaimlerChrysler AG¶

→ Verantwortlich_Leon Hustinx, Th. Schuhmacher, Hans-Diether Engelhard¶

→ Agentur_TC GRUPPE GmbH Target Communications¶
→ Verantwortlich_CD_Christian Crämer // AD_Jeanette Blaum¶
→ Redaktion und Text_Bettina Lehmann¶
→ Beratung/Kontakt_Sonia Dean // Fotografie_Achim Hartmann, Bernd Isemann, Martin Schäuble, René Staud, Jacques Toffi¶
→ Satz_Jasmin Höpfer, TC GRUPPE GmbH // Produktion_Anja Geib, TC GRUPPE GmbH/Factory 7 Prepress & Premedia GmbH¶

→ Litho_eder GmbH Medienmanagement¶
→ Druck_W. Kohlhammer Druckerei GmbH & Co.¶
→ Jurybegründung_Maybach zelebriert die Welt der oberen Zehntausend in angemessener Weise. Porträts und Reportagen von Kunden reflektieren auf emotionaler Ebene die Medienwelt. Dem Markenkern angemessen sind Repro und Druck.¶

SILBER → Seite 80-81

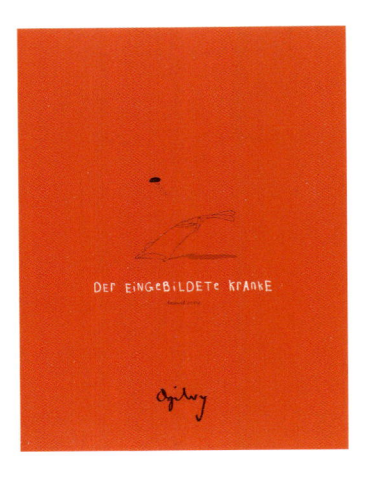

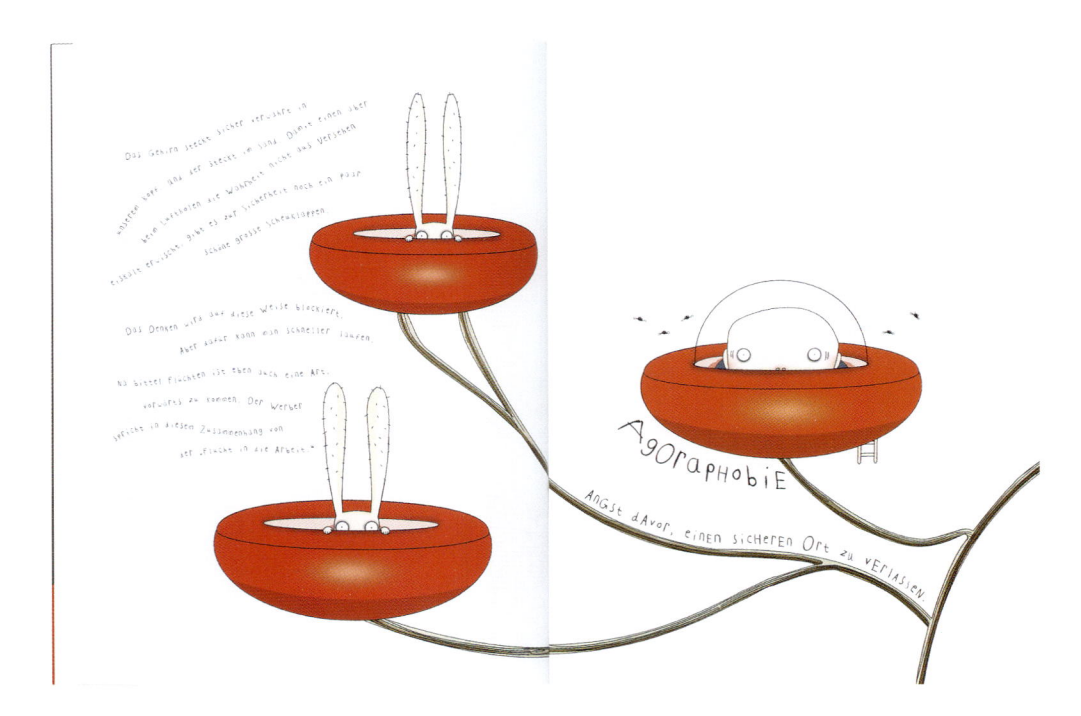

-→ KATEGORIE_GESCHÄFTS- UND UMWELTBERICHTE_¶
→ Titel_Einreichung_Der eingebildete Kranke¶
→ Zielgruppe_Mitarbeiter national und international, Kunden und potenzielle Kunden¶
→ Kommunikationsziel_Der »Eingebildete Kranke« greift in ironischer Weise aktuelle Befindlichkeiten der Werbeindustrie auf.

Ziel war es, der stark gebeutelten Branche den Spiegel vorzuhalten und ihr Mut zur »Selbstheilung« zu machen.¶
→ Auftraggeber_Ogilvy & Mather GmbH Werbeagentur¶
→ Verantwortlich_Chairman Ogilvy Deutschland _Lothar Leonhard¶
→ Agentur_Tillmanns, Ogilvy & Mather GmbH & Co. KG¶
→ Verantwortlich_CD_Jochen Smidt¶

> AD_Katja Brunner
> Text_Simone Buch
> Beratung_Michael Freiherr
> Projektmanagement_Katrin Perlitschke
> Illustration_Frauke Berg

> Jurybegründung_»A Happy Experience«: Dieser Bericht von Ogilvy & Mather sticht – obwohl unprätentiös – heraus und überzeugt durch Text, Illustration und Gestaltung. Er geht weit über die übliche Darstellung des Leistungsportfolios hinaus; gekonnt wird dabei die Dimension »Angst« seziert und karikiert.

BRONZE → Seite 82–83

82°

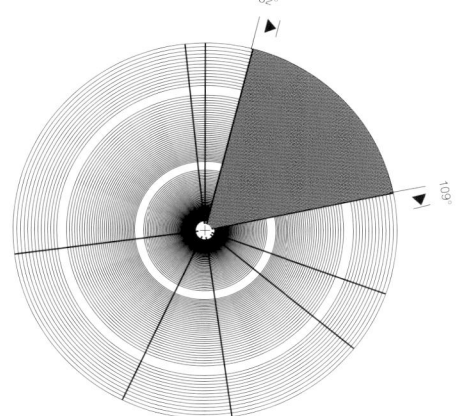

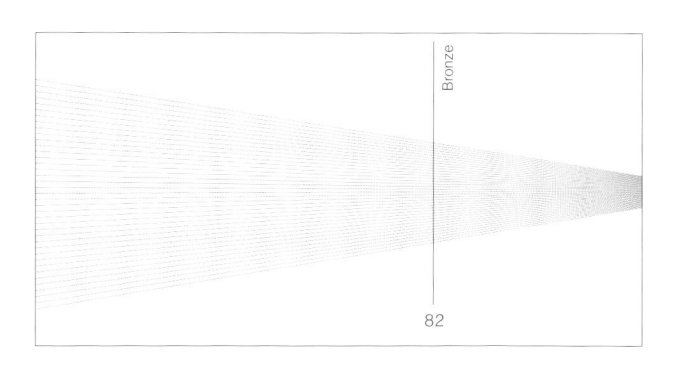

109°

Bronze

82

BRONZE → Seite 84-85

>> ANSICHTEN

-› KATEGORIE_PROSPEKTE, BROSCHÜREN,
   DOKUMENTATIONEN FÜR PR_¶
→ Titel_Einreichung_Bewerbungsschrift Kulturhauptstadt 2010,
  Stadt Augsburg¶
→ Zielgruppe_Jury für die Benennung der Kulturhauptstadt und Kulturinteressierte
→ Kommunikationsziel_Selbstdarstellung¶

→ Auftraggeber_Kulturreferat der Stadt Augsburg¶
→ Verantwortlich_Intendant_Thomas Höft¶
→ Agentur_Factor Design AG¶
→ Verantwortlich_CD_Johannes Erler¶
→ AD_Jindrich Novotny, Christian Tönsmann¶
→ Text_Kulturreferat¶

>> 2010

AUGSBURG – KULTURHAUPTSTADT FÜR EUROPA 2010 *Bewerbungsschrift: Visionen*

BEWERBUNGSSCHRIFT: VISIONEN

- → (Kunden-)Beratung/Kontakt_Johannes Erler¶
- → Fotografie/Illustration_Olaf Fippiger, Werner J. Hannappel, Patrice Lange, Benne Ochs, Martina Wember¶
- → Produktion/Satz_Factor Design AG¶
- → Grafik/Litho_Reprostudio Beckmann, Hamburg¶
- → Druck_Verlagsgruppe Weltbild¶

→ Jurybegründung_Gewichtiges – auch in Gramm – Argument für die Bewerbung der Stadt als Kulturhauptstadt in Buchform. Teilung des Inhalts in Fakten, die nüchtern und zurückgenommen aufbereitet sind, und attraktive Ansichten, die das »Argument« emotional untermauern. Sehr schöne Fotostrecke.¶

BRONZE → Seite 86-87

MEIN ERSTES TOR

goool

IRGENDWANN IST MAN ES EINFACH LEID, DREI-, VIERMAL AM TAG BEIM NACHBARN ZU KLINGELN UND ÜBER DIE RÜCKGABE DES BALLES ZU VERHANDELN. ODER NACH JEDEM NUR HALBWEGS AMBITIONIERTEN SCHUSS UNTER LEBENSGEFAHR AUF DIE STRASSE ZU RENNEN. ODER DURCH DAS GEBÜSCH ZU KRIECHEN, WEIL DIE MAUER SICH SCHON WIEDER WEGGEDUCKT HAT. DANN FASST MAN DEN EINZIG RICHTIGEN ENTSCHLUSS UND FÄNGT WIRKLICH MIT DEM FUSSBALL AN.

DAS ALLERERSTE MAL IN EINEM ECHTEN TRIKOT AUF TORE SPIELEN, IN DENEN DER BALL IM NETZ ZAPPELT, DAS VERGISST EIN FUSSBALLER NIEMALS. DER AUGENBLICK BLEIBT FÜR IMMER IM KOPF, DIE TRIKOT-FARBEN FÜR IMMER IM HERZEN. BEI DEN STARS VON BORUSSIA DORTMUND WIE ROSICKY, EWERTHON, KOLLER ODER KEHL IST DAS AUCH NICHT ANDERS. UM DIE PLÄT-ZE ZU SEHEN, WO FÜR SIE ALLES BEGANN, MUSS MAN ALLERDINGS ETWAS WEITER FAHREN – NICHT NUR ZUM NACHBARN RÜBER ODER ÜBER DIE STRASSE.

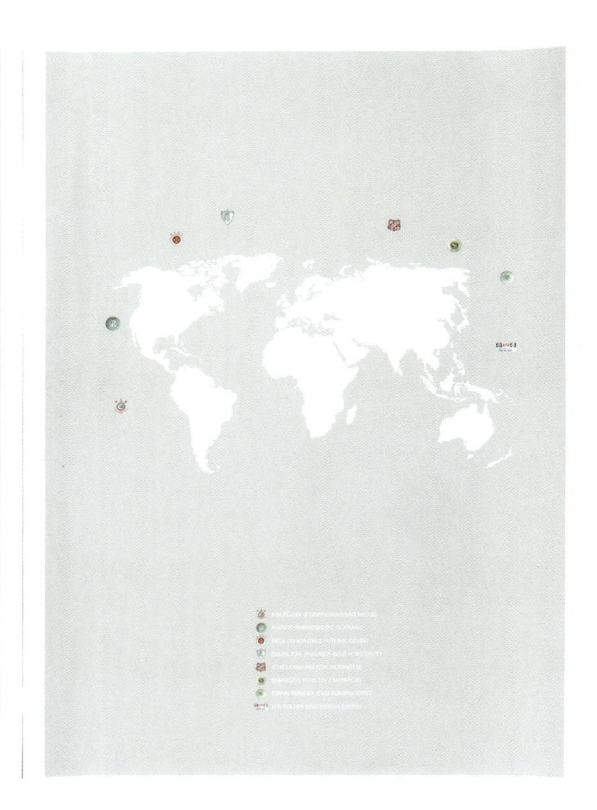

→ KATEGORIE_PROSPEKTE, BROSCHÜREN, SALESFOLDER FÜR VERKAUFSFÖRDERUNG_¶
→ Titel_Einreichung_Mein erstes Tor¶
→ Zielgruppe_Verantwortliche (Einkauf) in Amateur- und Profivereinen, Jugend-fußballer, Jugendfußballtrainer, Fußballmannschaften¶
→ Kommunikationsziel_goool stattet Fußballmannschaften mit Teamsport-Textilien aus. Der Folder zeigt die Farb- und Stilvielfalt der aktuellen Trikot-Kollektion anhand der Trikots und der Plätze, in und auf denen erfolgreiche Fußballstars zum allerersten Mal gespielt haben.¶
→ Auftraggeber_goool sportswear GmbH¶
→ Verantwortlich_Marketingleitung_Willi Kühne¶
→ Agentur_Nordpol + Hamburg Agentur für Kommunikation GmbH¶
→ Verantwortlich_CD_Lars Rühmann¶
→ AD_Gunther Schreiber, Bertrand Kirschenhofer // Text_Ingmar Bartels¶

IN GRÜN FING ALLES AN:

IN SCHWARZ-WEISS-ROT FING ALLES AN:

- Beratung/Kontakt_Niklas Franke
- Fotografie/Illustration_Alciro Theodoro Da Silva
- Grafik/Litho_Christoph Bielefeldt, Kristoffer Heilemann
- Druck_Hans Christians Druckerei und Verlag GmbH & Co. KG
- Jurybegründung_Im harten Kampf um Marktanteile im Segment Sportbekleidung verlangt auch die Verkaufsförderung eine klare Profilierung. »Goool sportswear« beschreibt hier einen kreativen Weg: In einem Folder werden berühmte Idole des Fußballs in ihren ersten Trikots und ihren ersten Wirkungs(um)feldern abgebildet. Damit wird gezeigt, dass auch die Großen einmal klein angefangen haben. Das weckt Interesse und Sympathie und leitet über zur ganzen Produktpalette der beworbenen Fußballtrikots. Eine gelungene Verbindung von Produkt und dessen Einsatz.

BRONZE → Seite 88–89

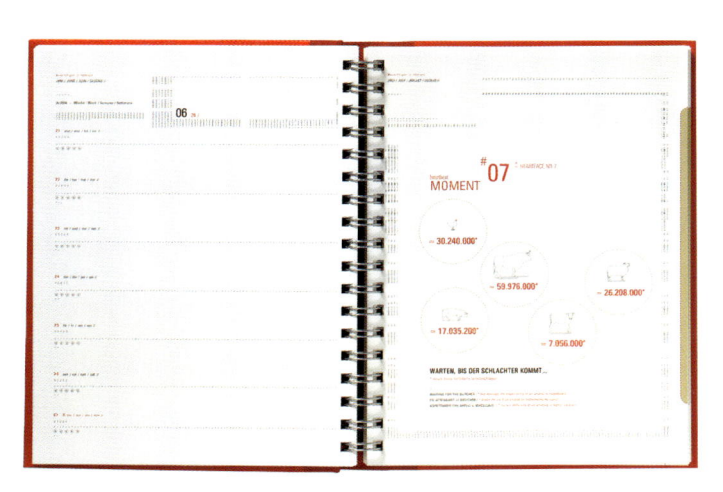

-› KATEGORIE_PROSPEKTE, BROSCHÜREN,
SALESFOLDER FÜR VERKAUFSFÖRDERUNG_¶
→ Titel_Einreichung_»Heartbeat Moments« Diary 2004¶
→ Zielgruppe_Agenturen, Druckereien, Handelspartner, Mitarbeiter u.a.¶
→ Kommunikationsziel_Die Papierfabrik Scheufelen startet eine neue weltweite Imagekampagne für ihr Erfolgspapier PhoeniXmotion. Zentrales Werbemittel ist ein hochwertiges Diary zu Themen rund um das Herz in limitierter Auflage. PhoeniXmotion ist einzigartig: es verbindet Druckeigenschaften von gestrichenen Papieren mit den haptischen Eigenschaften von Naturpapieren. Diese Kombination aus sicht- und fühlbaren Eigenschaften macht das Papier zu einem optimalen Träger für emotionale Botschaften, bei denen es gleichermaßen auf perfekte Optik und eine angenehme Oberfläche ankommt. Gefühle sind deshalb auch das Hauptthema der neuen, weltweiten Imagekampagne für PhoeniXmotion.

Das Motto »PhoeniXmotion – Papier mit Herzschlag« lag dabei nahe, denn nichts ist emotionaler als das Herz selbst. Darum wurde das Herz mit dem PhoeniXmotion »X« in der Mitte als neues Logo entwickelt. Die technischen Symbole wurden anhand des neuen PhoeniXmotion-Logos in verschiedenen Varianten gezeigt (z.B. japanische Bindetechnik, UV Lack, Mehrstufenprägung, Heißfolienprägung, Perforationen …). Das Diary zeigt Szenen, bei denen das Herz höher schlägt: Vom abgeliebten Kuscheltier bis zur Metzgerwaage mit bluttriefenden Tierherzen ist von zart bis hart für jeden Geschmack ein Motiv dabei.¶

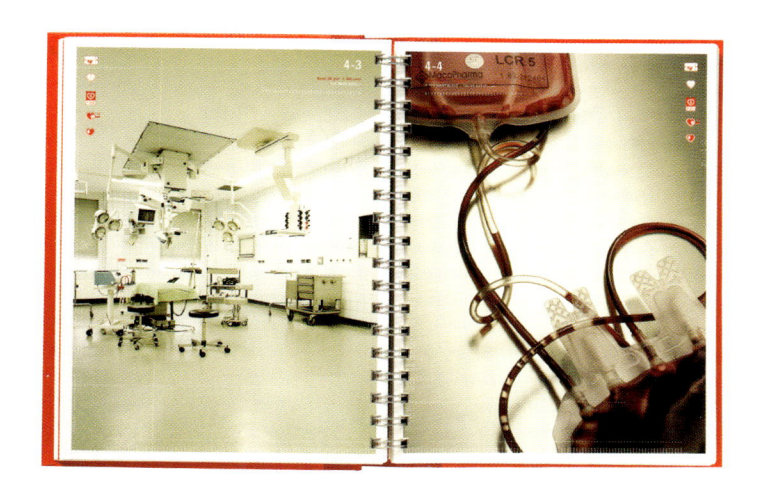

→ Auftraggeber_Papierfabrik Scheufelen GmbH + Co. KG¶
→ Verantwortlich_Marketingleitung_Rémy Gass¶
→ Brand Management PhoeniXmotion_Birger Hetzinger¶
→ Marketing_Bianka Million, Irmgard Glanz¶
→ Agentur_strichpunkt GmbH¶
→ Verantwortlich_CD_Kirsten Dietz, Jochen Rädeker¶
→ AD_Kirsten Dietz // Text_Jochen Rädeker¶
→ (Kunden-)Beratung/Kontakt_Jeannette Kohnle, Jochen Rädeker¶
→ Fotografie_Jan Steinhilber, Hamburg¶
→ Produktion_strichpunkt/Scheufelen // Druck_Engelhardt & Bauer, Karlsruhe¶

→ Jurybegründung_In Form eines Tagebuchs wird das Papier PhoeniXmotion in allen Varianten und Anwendungen dargestellt. Eine gelungene Idee zum Thema »Rund ums Herz«, visuell und kreativ umgesetzt. Piktogramme begleiten bei allen Anwendungen und Darstellungen und liefern die Detailinformationen. Die Leitidee »Herz« macht Typografie fühl- und sichtbar, hier mit einer ausdrucksstarken Bildsprache. Der Text ist witzig und aufmüpfig. Fazit: Papier ansprechend und ideenreich beworben.¶

BRONZE → Seite 90-91

- → KATEGORIE_PROSPEKTE, BROSCHÜREN, SALESFOLDER FÜR VERKAUFSFÖRDERUNG_
- → Titel_Einreichung_COR Jubiläumsbuch
- → Zielgruppe_Kunden, Presse, Interessenten
- → Kommunikationsziel_Unternehmensdarstellung und -geschichte
- → Auftraggeber_COR Sitzmöbel Helmut Lübke GmbH & Co KG
- → Verantwortlich_Leiter Marketing_Berthold Strüve
- → Agentur_Factor Design AG
- → Verantwortlich_CD_Olaf Stein // AD_Jan Kruse
- → Grafik_Verena Baumhögger, Jan Kruse, Sonja Stroth
- → Konzept/Text_Harald Willenbrock, Anne Zuber
- → Autoren_Sigrun Albert, Till Briegleb, Thomas Düllo, Alfred Gebert, Robert Gernhardt, Christine Kaufmann, Heinz Rudolf Kunze, Gudrun Landgrebe, Helmut Lübke, Gerhard Meir, Bill Ramsey, Dietmar Steiner, Harald Willenbrock, Markus Wolff, Anne Zuber
- → (Kunden-)Beratung/Kontakt_Michaela Hauck
- → Fotografie_Anselm Gaupp, Andreas Gefeller, Julia Knop, Lin Lambert
- → Produktion/Satz_Factor Design
- → Litho_alphabeta, Hamburg
- → Druck_Kunst- und Werbedruck GmbH & Co., Bad Oeynhausen

→ Jurybegründung_Eine Druckschrift wie das Unternehmen: Authentisch, qualitätsvoll, glaubwürdig. Ein gewichtiges Werk zu 50 Jahren Unternehmensentwicklung. Es ist zugleich ein gutes Stück Designgeschichte, das Lebens- und Arbeitswelten dokumentiert und sie zum Ausgangspunkt für die Weiterentwicklung herausarbeitet. Fünf Dekaden der Möbelgestaltung und -fertigung, individueller Einrichtung, wechselnden Form-, Farb- und Materialpräferenz-Welten. Für all das schafft die Druckschrift »home is where the heart is« einen höchst angemessenen Rahmen. Autorenbeiträge von Zeitzeugen sind in das ausgezeichnete Textkonzept ebenso eingebunden wie Interviews, Beiträge zur Unternehmensgeschichte – ohne jede Verklärung, sondern ehrlich im Ton, stolz und sicher in der Sache. Statt abgehobener Produktphilosophien gibt es die Lieblingsplätze der Designer zu erkunden. Statt eines Jubel-Buchs findet man hier eine gelungene Sammlung von dokumentierenden und erzählerischen Fotos – ein gekonnter Beitrag zum Dialog mit dem Nutzer. Der Linie des Hauses entsprechend ist die Grafik klar und transparent, ohne Schnörkel. Eine feine Typographie macht das Lesen zur Freude. Die sorgfältige Umsetzung im Druck und die Verarbeitung machen diese Druckschrift rund, fertig, gut. Ein auszeichnungswürdiges Produkt, das Teil einer starken Marke ist.¶

BRONZE → Seite 92-93

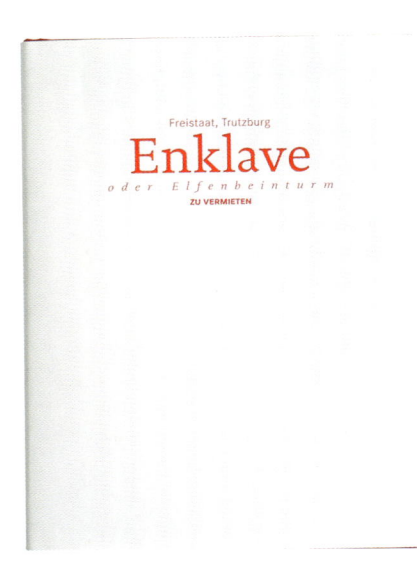

-→ KATEGORIE_PROSPEKTE, BROSCHÜREN, SALESFOLDER FÜR VERKAUFSFÖRDERUNG_¶
→ Titel_Einreichung_Haus Morp¶
→ Zielgruppe_Immobiliensuchende der Dienstleistungswirtschaft¶
→ Kommunikationsziel_Nonnenstift, Rittergut und Bauernhof. Haus Morp ist ein Vermietungsobjekt der besonderen Art. Über 830 Jahre bewegte Geschichte auf 3.600 m². Alle wichtigen Vermietungsfakten befinden sich auf dem Schutzumschlag. Ohne Umschlag stellt das Büchlein eine umfassende Dokumentation des Baudenkmals dar. Mit Umschlag sucht es potente Mieter, die für das Besondere zu begeistern sind.¶
→ Auftraggeber_Dieter Kotulla¶
→ Agentur_Hesse Design GmbH¶

→ Verantwortlich_CD_Klaus Hesse
→ Text_Stefanie Sausmikat¶
→ Grafikdesign_Anna-Lena Finkenbeiner¶
→ Beratung/Kontakt_Klaus Hesse, Stefanie Sausmikat¶
→ Satz_Anna-Lena Finkenbeiner¶
→ Druck_DCM Druck-Center Meckenheim¶

→ Jurybegründung_Das Kulturgut Haus Morp ist behutsam renoviert worden und sucht Mieter. Den Interessenten wird das attraktive Objekt mit Liebe zum Detail geschmackvoll vorgestellt. Das ist grafisch gekonnt gemacht und spricht emotional an, weckt Interesse. Wichtig: Die Angaben über Lage des Objekts und die zu vermietenden Flächen sind im Umschlag prägnant erwähnt.¶

BRONZE → Seite 94–95

-→ KATEGORIE_PROSPEKTE, BROSCHÜREN,
   SALESFOLDER FÜR VERKAUFSFÖRDERUNG_¶
→ Titel_Einreichung_10Y FD¶
→ Zielgruppe_Kunden und Interessenten ¶
→ Kommunikationsziel_Selbstdarstellung¶

→ Auftraggeber_Factor Design AG¶
→ Verantwortlich_Geschäftsführung_Johannes Erler¶
→ Agentur_Factor Design AG¶
→ Verantwortlich_CD_Johannes Erler¶
→ AD_Christian Tönsmann¶

- Text_Johannes Erler
- Fotografie_Frank Stöckel
- Produktion/Satz_Christian Tönsmann
- Grafik und Litho_Einsatz Creative Production, Hamburg
- Druck_SR-Druck Scharnhorst & Reincke GmbH, Bremen

- Jurybegründung_Gelungene Selbstdarstellung, die den Betrachter inspiriert und informiert. Nicht allein eine Dokumentation der Arbeiten, sondern zugleich eine Darstellung der Agentur-Denkweise: unaffektiert, aber meisterhaft.

BRONZE → Seite 96-97

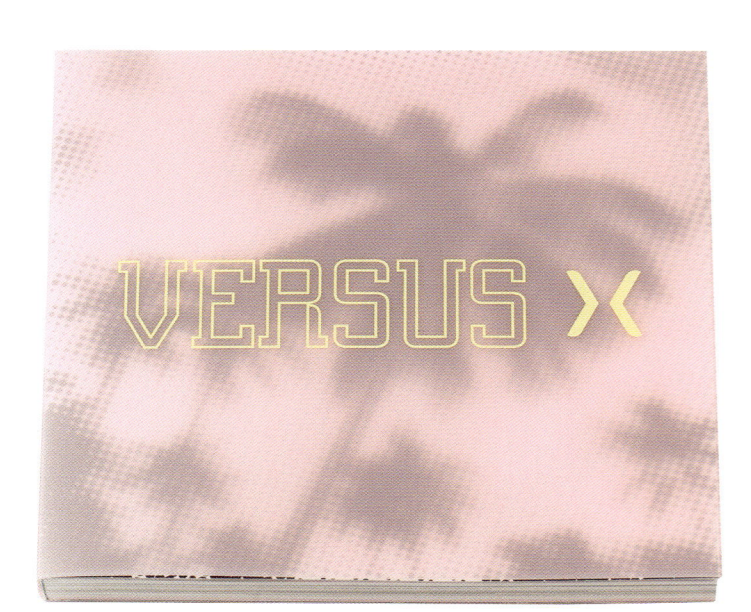

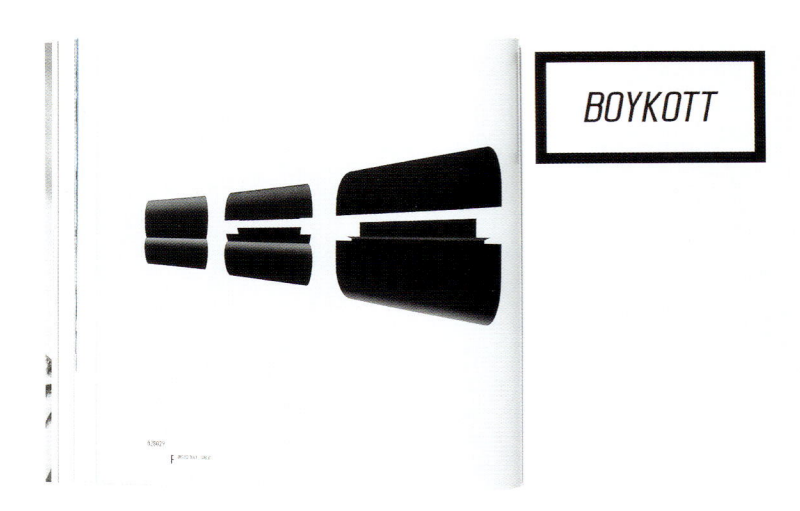

-> KATEGORIE_KATALOGE FÜR WERBUNG
   UND VERKAUFSFÖRDERUNG_
→ Titel_Einreichung_VERSUS FTS_VS_PIX
→ Zielgruppe_Agenturen, Firmen
→ Kommunikationsziel_Verkaufsförderung
→ Auftraggeber_MAGMA [Büro für Gestaltung]/ Christian Ernst
→ Verantwortlich_Lars Harmsen, Ulrich Weiß (beide MAGMA,
   Büro für Gestaltung), Christian Ernst, freier Fotograf
→ Agentur_MAGMA [Büro für Gestaltung]
→ Verantwortlich_CD/AD_Lars Harmsen, Ulrich Weiß

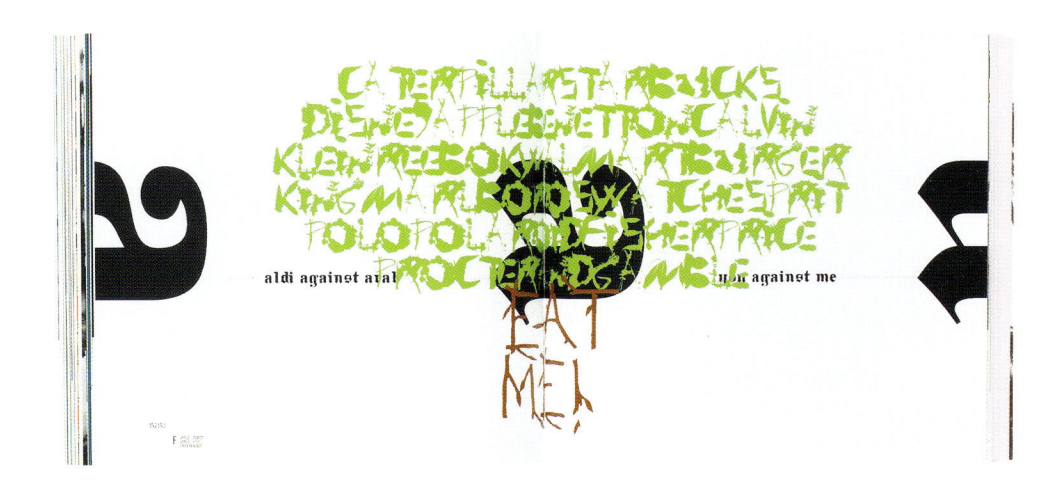

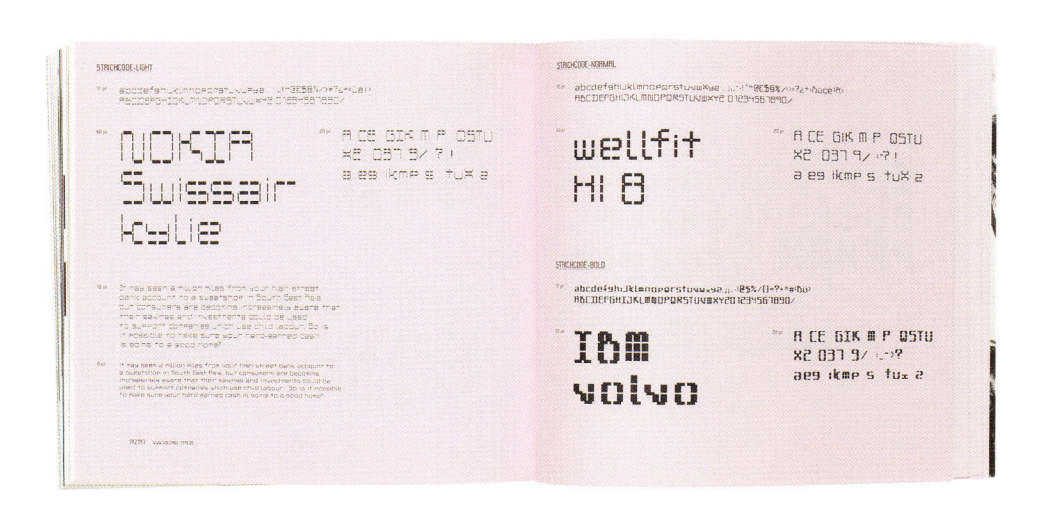

> Text_Lars Harmsen¶
> Fotografie_Christian Ernst¶
> Produktion/Satz_Lars Harmsen, Ulrich Weiß, Flo Gaertner, Boris Kahl¶
> Grafik und Litho_Lars Harmsen, Flo Gaertner, Boris Kahl¶
> Druck_Lars Harmsen//Weiterverarbeitung_Ulrich Weiß¶

> Jurybegründung_Anhand der Gegenüberstellung von Bild und Text wird die Anwendung beispielhaft demonstriert. Ein Ideenfundus hervorragender Doppelseiten als Inspiration und Lehrbeispiel. Es wird deutlich, dass Schrift ein wesentlicher Teil der Gesamtgestaltung ist.¶

¶¬

BRONZE → Seite 98-99

-> KATEGORIE_KUNDENZEITSCHRIFTEN_¶
→ Titel_Einreichung_BMW Magazin¶
→ Zielgruppe_BMW Kunden, Meinungsführer und Multiplikatoren, Allgemeinheit mit Interesse an der Markenwelt BMW¶
→ Kommunikationsziel_
· Intensive Auseinandersetzung der Leserschaft mit den Heftinhalten durch journalistisch glaubwürdige Aufbereitung aktueller Themen¶
· Vermittlung von Kaufanreizen und Kaufbestätigung durch intelligente Produktinszenierung im Rahmen einer integrierten Marketingkommunikation¶
· Initiierung eines kontinuierlichen Kundendialogs durch die Kommunikationsplattform BMW Magazin¶

· Vermittlung der zentralen BMW-Markenwerte dynamisch, herausfordernd, kultiviert¶
· Kundenbindung: Loyalisierung bzw. Integration der Kernzielgruppen durch informative und unterhaltsame Beiträge aus den und über die Kompetenzfelder der Marke BMW.¶

Das BMW Magazin kommuniziert den Charakter der Marke BMW und ihrer Produkte, deren technische Qualität, ihr Image und das damit verbundene Lebensgefühl. Dabei geht es um die unaufdringliche, intelligente Übersetzung dessen, was die Marke BMW in ihrer Vielfalt ausmacht. Formal ist das BMW Magazin ein journalistisch innovatives, hochwertiges und dramaturgisch spannendes Produkt. Das inhaltliche Spektrum erstreckt sich dabei von BMW-spezifischen Themen über

Reise und Lebensart bis hin zu gesellschaftspolitisch relevanten Beiträgen. Um ein weltweit einheitliches Markenbild in sämtlichen Landesmärkten zu erhalten, zeichnen sich die verschiedenen Ausgaben des Magazins durch weitgehend einheitliche Standards bezüglich Redaktion, Layout sowie Papier- und Druckqualität aus. Innerhalb des globalen Auftritts stellt ein modularer Heftaufbau sicher, dass im BMW Magazin den regionalen und kulturellen Besonderheiten lokaler Zielgruppen Rechnung getragen wird.

- Auftraggeber_Bayerische Motoren Werke AG
- Verantwortlich_Objektleitung BMW Magazin_Sabine Drechsler, Sabine Gigl
- Agentur_Hoffmann und Campe Verlag GmbH, Corporate Publishing
- Verantwortlich_CD_Dirk Linke
- AD_Judith Grubinger
- (Kunden-)Beratung/Kontakt_Marco Krönfeld, Dr. Kai Laakmann
- Grafik_Diana Hägele, Sonja Schneider, Regina Rohrer
- Litho_MXM Digital Service, München
- Druck_Hofmann Druck, Nürnberg//Weiterverarbeitung_Ulrich Weiß
- Jurybegründung_BMW zelebriert markenstimmig luxuriöse Sportlichkeit und dabei Freude am Fahren. Fotos und Themen sind zielgruppenaffin ausgewählt.

BRONZE → Seite 100-101

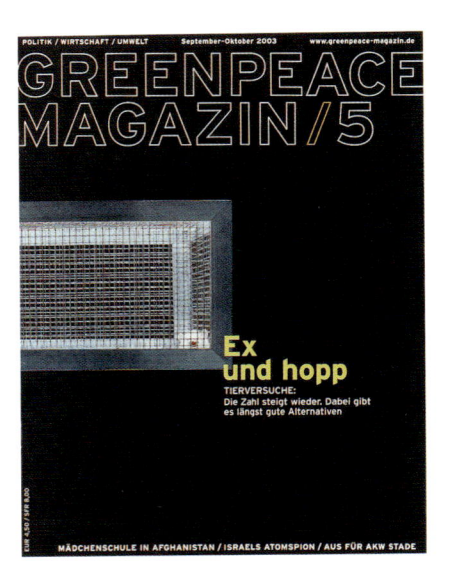

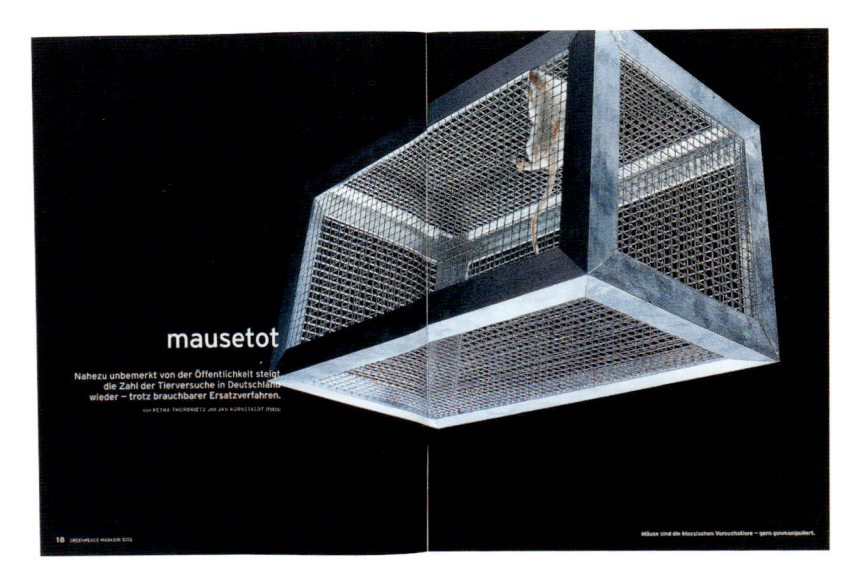

- → KATEGORIE_KUNDENZEITSCHRIFTEN_¶
- → Titel_Einreichung_Greenpeace Magazin 05/03 –
  Magazinstrecke »Mausetot«¶
- → Zielgruppe_Interessierte, breite Öffentlichkeit¶
- → Kommunikationsziel_Politisch unabhängige Berichterstattung aus den
  Bereichen Umwelt, Politik und Soziales¶
- → Auftraggeber_Greenpeace Media GmbH¶
- → Verantwortlich_Greenpeace Media GmbH_Chefredaktion_Jochen Schildt¶
- → AD/Foto_Kerstin Leesch¶
- → Agentur_Büro Hamburg JK. PW. Gesellschaft für Kommunikationsdesign mbH¶
- → Verantwortlich_AD/Gestaltung_Bettina Rosenow¶

→ Fotografie_Jan Kornstaedt
→ Litho_W & Co. Mediaservices Hamburg GmbH + Co. KG
→ Druck_Johler Druck GmbH

→ Jurybegründung_Dieser Themenbeitrag ist in Bezug auf die Verknüpfung von Fotografie und Text ähnlich stark und eindringlich wie der Gold-Gewinner (Greenpeace Magazin 01/04 – »Die Welt auf Kriegskurs«, s. Seite 68 f.) und deshalb ebenfalls medaillenwürdig. Das Gesamtlayout ist jedoch nicht so vielseitig und abwechslungsreich wie dort und wirkt insgesamt etwas weniger stimmig.

BRONZE → Seite 102–103

-→ KATEGORIE_KUNDENZEITSCHRIFTEN_¶
→ Titel_Einreichung_Greenpeace Magazin 02/04 –
  Magazinstrecke »Gen-Alarm«¶
→ Zielgruppe_Interessierte, breite Öffentlichkeit¶
→ Kommunikationsziel_Politisch unabhängige Berichterstattung aus
  den Bereichen Umwelt, Politik und Soziales¶
→ Auftraggeber_Greenpeace Media GmbH¶
→ Verantwortlich_Greenpeace Media GmbH_Chefredaktion_Jochen Schildt¶
→ AD/Foto_Kerstin Leesch¶
→ Agentur_Büro Hamburg JK. PW. Gesellschaft für Kommunikationsdesign mbH¶
→ Verantwortlich_AD/Gestaltung_Bettina Rosenow¶

→ Fotografie_Jan Kornstaedt
→ Illustrationen_Typoholics
→ Litho_W & Co. Mediaservices Hamburg GmbH + Co. KG
→ Druck_Johler Druck GmbH

→ Jurybegründung_Die Darstellung ist in Bezug auf die Verknüpfung von Illustration und Text ähnlich stark und eindringlich wie der Gold-Gewinner (Greenpeace Magazin 01/04 – »Die Welt auf Kriegskurs«, siehe Seite 68 f.) und deshalb ebenfalls medaillenwürdig. Das Layout ist jedoch weniger vielseitig und abwechslungsreich und wirkt in Details insgesamt etwas weniger stimmig.

BRONZE → Seite 104–105

-→ KATEGORIE_GESCHÄFTS- UND UMWELTBERICHTE_¶
¶
→ Titel_Einreichung_Geschäftsbericht 2003 der GfK AG¶
→ Zielgruppe_Aktionäre, Investoren, Analysten, Wettbewerber, Presse, Mitarbeiter¶
→ Kommunikationsziel_Vom Umschlagfoto bis zum zahlengespickten Jahresabschluss war es Sinn und Zweck des Geschäftsberichts 2003 der Gesellschaft für Konsumforschung GfK, die komplexe Geschäftstätigkeit in größtmöglicher Transparenz darzustellen. Bereits die gewohnte Form der 150-seitigen, ringgebundenen Kartonkonstruktion mit ihren deutlichen Gliederungsfunktionen und der mutige Einsatz der Unternehmensfarbe Orange in großen Flächen soll Neugier und Leselust wecken. Der mittlerweile bewährte journalistische Ansatz, ausgewählte Kunden in eigener Sache zu Wort kommen zu lassen, indem sie im Rahmen mit leichter Hand und atmosphärischer Dichte geschriebener Reportagen präsentiert werden, ermöglicht eine beispielhafte Darstellung von Vorgehensweise und Arbeitsmethodik der einzelnen Geschäftsbereiche des weltweit agierenden Marktforschungsunternehmens.

Das GfK-Credo »Growth from Knowledge« – Marktchancen in Erfolge verwandeln – wird damit nicht nur greifbar, fassbar und konkret. Sein entscheidender Erfolgsfaktor wird darüber hinaus klar herausgearbeitet: Der Mensch! Als Konsument, als Auftraggeber, als Mitarbeiter. Und zugleich auch als hoffentlich »gefesselter« Leser des Geschäftsberichts.¶

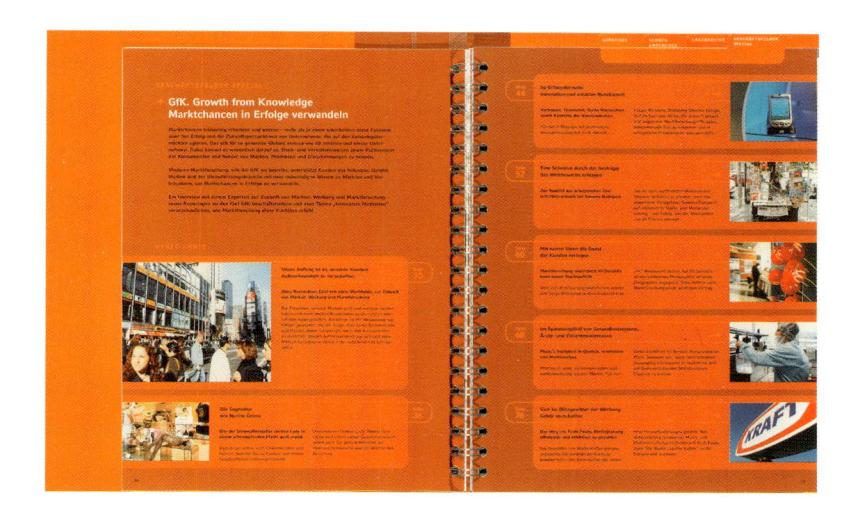

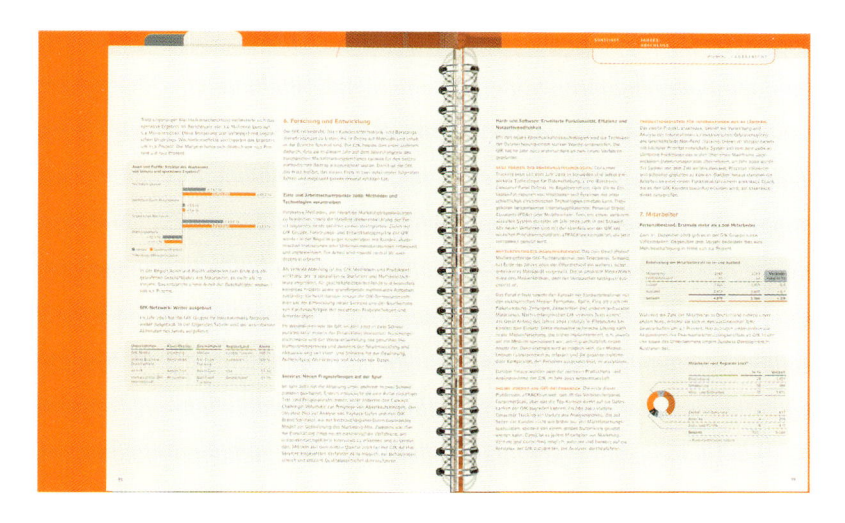

> Auftraggeber_GfK AG¶
> Verantwortlich_Leiterin Public Affairs and Communications_Dr. Ulrike Schöneberg¶
> Agentur_Scheufele Kommunikationsagentur GmbH¶
> Verantwortlich_CD/AD_Nicola Sunderdiek¶
> Text_Dr. Ulrike Schöneberg, GfK¶
> Redaktionelle Mitarbeit_Medienservice Peter Reichard¶
> (Kunden-)Beratung/Kontakt_Silke Asbrand¶
> Fotografie/Illustration_Annette Hornischer¶
> Satz_Peter Ripper // Litho_Mainteam GmbH¶
> Druck/Weiterverarbeitung_Mediahaus Biering GmbH¶

> Jurybegründung_Punktlandung im Bereich Konzeption: Deutliche Gliederung der umfangreichen Inhalte; hervorragender Kommunikationstransport von Stärke und Breite der Unternehmensgeschäftsfelder durch journalistische Stilmittel; stringente Farbgebung, die das CD adäquat aufgreift. Bei noch liebevollerer Verarbeitung sowie einer sorgfältigeren Fotoauswahl wäre die Bewertung noch höher ausgefallen.¶

BRONZE → Seite 106–107

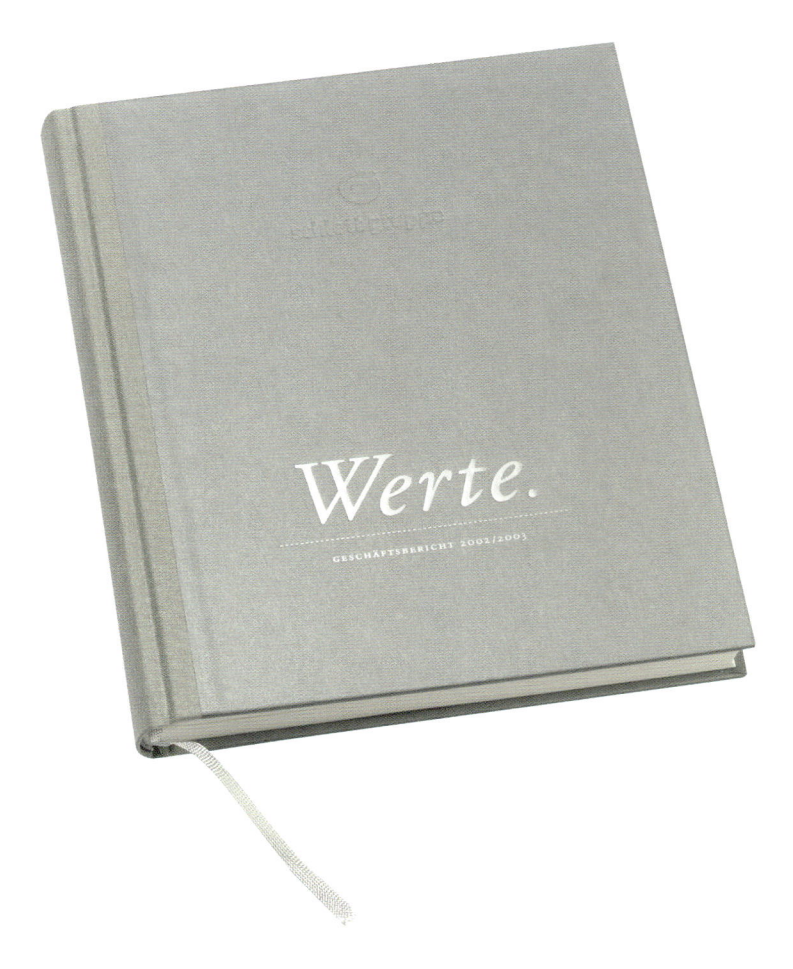

-> KATEGORIE_GESCHÄFTS- UND UMWELTBERICHTE_¶
¶
→ Titel_Einreichung_»Werte«,
  Geschäftsbericht 2003 der schlott gruppe AG¶
→ Zielgruppe_Kunden, Investoren, Aktionäre, Mitarbeiter u.a.¶
→ Kommunikationsziel_Die ureigenste Aufgabe eines Geschäftsberichtes ist
  es, Werte zu kommunizieren.
  Die schlott gruppe AG, eine der größten europäischen Druckereien, setzt dabei
  nicht nur auf Zahlen und Fakten, sondern auf die immateriellen Werte des
  Konzerns, die anhand 24 persönlicher, ungewöhnlicher Assoziationen von
  Mitarbeitern fotografisch und textlich vorgestellt werden. Für »Persönlichkeit«
  steht z.B. die Unterhose eines Vertriebsmitarbeiters, denn »Am wohlsten fühlt man
  sich, wenn einem etwas vertraut ist«, den Wert »Aufrichtigkeit« interpretiert der
  Vostandsvorsitzende anhand einer Portion Hackfleisch von seinem Lieblings-
  metzger. Wertorientiert in Buchform gebunden, klassisch gestaltet und abgesetzt,
  präsentiert sich der Konzern so weltoffen, transparent, individuell, persönlich,
  engagiert, aufrichtig und humorvoll.¶
→ Auftraggeber_schlott gruppe AG¶
→ Verantwortlich_Bernd Rose (Vorstandsvorsitzender)¶
→ Finanzvorstand_Dr. Uwe Hack (Ansprechpartner)¶

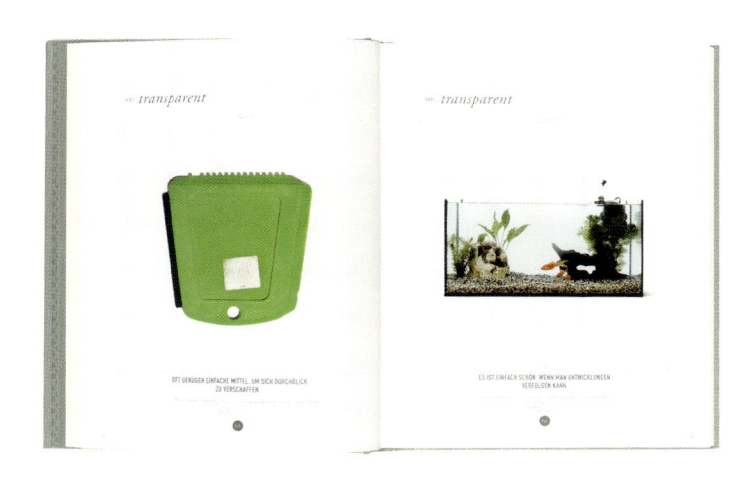

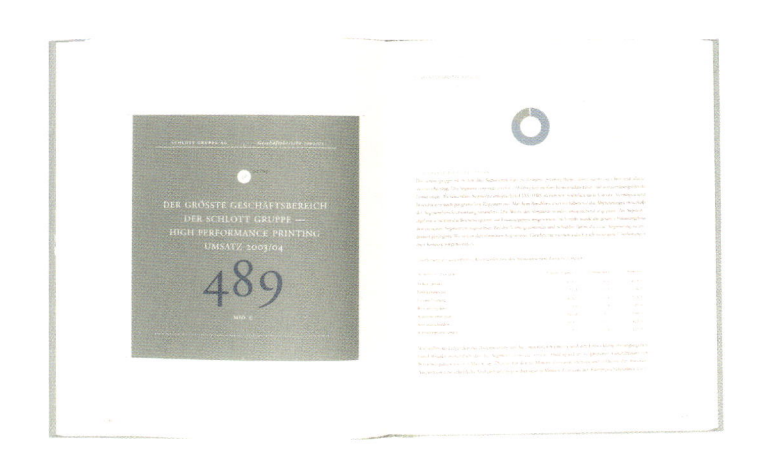

→ Leiter Investor Relations_Ansprechpartner_Marco Walz¶
→ Agentur_strichpunkt GmbH¶
→ Verantwortlich_CD_Jochen Rädeker // AD_Kirsten Dietz¶
→ Text_Norbert Hiller, pr+co.¶
→ (Kunden-)Beratung/Kontakt_Jeannette Kohnle¶
→ Grafikdesign_Stephanie Zehender¶
→ Satz_Gernot Walter/strichpunkt¶
→ Fotografie_Die Arge Lola, Stuttgart¶
→ Produktion_strichpunkt¶
→ Druck_sachsendruck, Plauen/schlott gruppe¶

→ Jurybegründung_Das Druckunternehmen präsentiert sich standesgemäß in angemessener Form – nämlich mit einem hochwertigen Buch, das liebevoll das Kernthema »Werte« inszeniert. Im Bereich Grafik und Typo erreichte der Report die höchstmögliche Punktzahl. Wünschenswert wäre der schnellere Zugang zu den einzelnen Themenkomplexen.¶

BRONZE → Seite 108–109

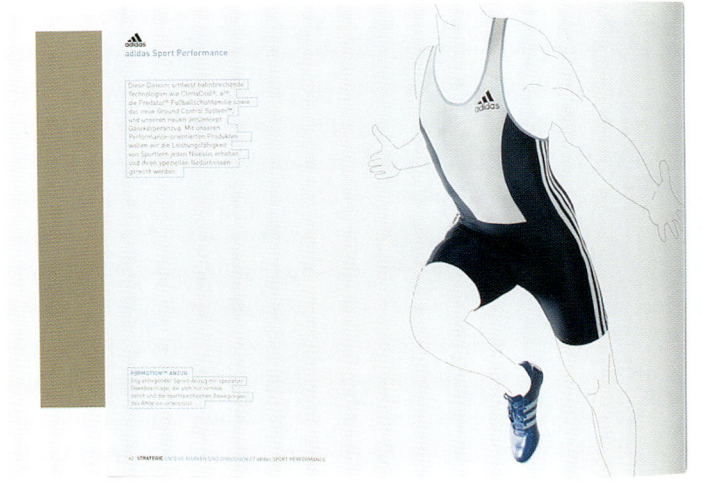

-→ KATEGORIE_GESCHÄFTS- UND UMWELTBERICHTE_¶
¶
→ Titel_Einreichung_adidas-Salomon AG Geschäftsbericht 2003. »We will«.¶
→ Zielgruppe_Finanzwelt, Geschäftspartner, Interessenten, Mitarbeiter, Nachwuchskräfte¶
→ Kommunikationsziel_Im Geschäftsbericht der adidas-Salomon AG 2003 geht es um Fokussierung, Zielstrebigkeit und den unbedingten Willen zum Erfolg, unabhängig davon, ob es sich um Freizeitsportler, Spitzensportler oder das Unternehmen selbst handelt. Authentische Momentaufnahmen, in denen Sportler ihren ganz persönlichen Willen zum Sieg mit unterschiedlichsten Gedanken und Aussagen manifestieren, setzen diesen Kerngedanken um.¶
→ Auftraggeber_adidas-Salomon AG, World of Sports¶
→ Verantwortlich_Dr. Charlotte Brigitte Looß¶

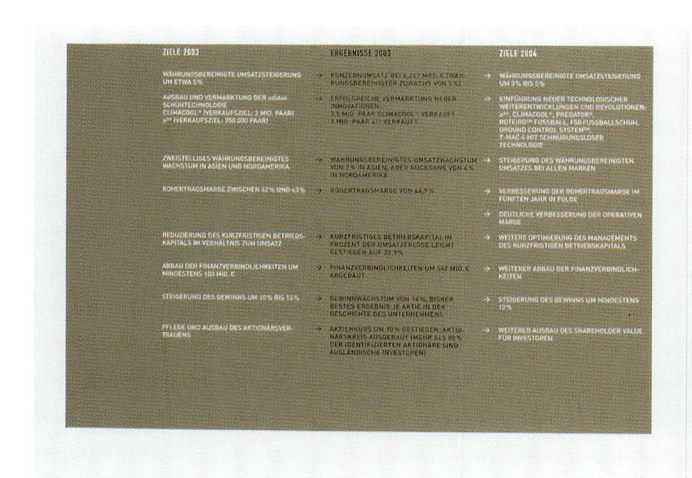

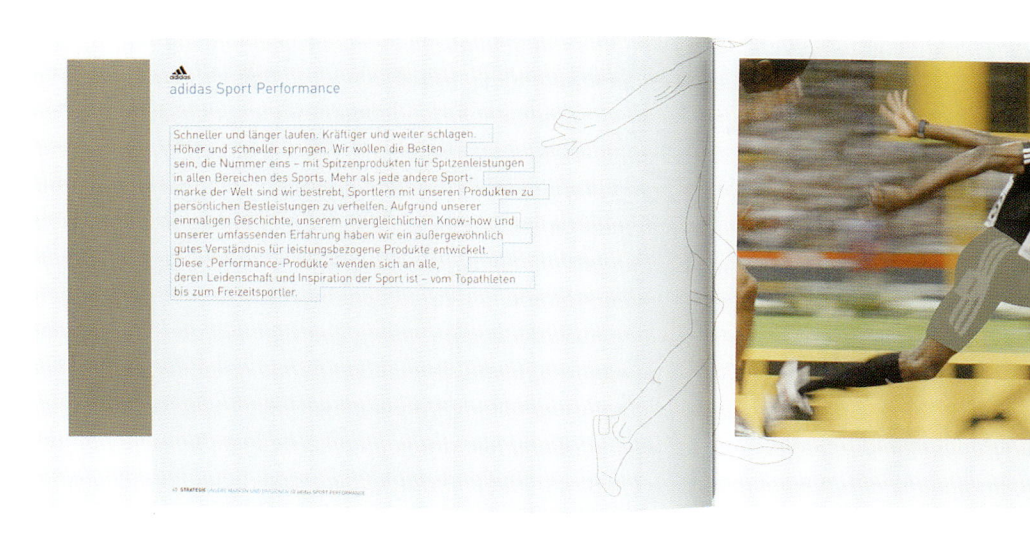

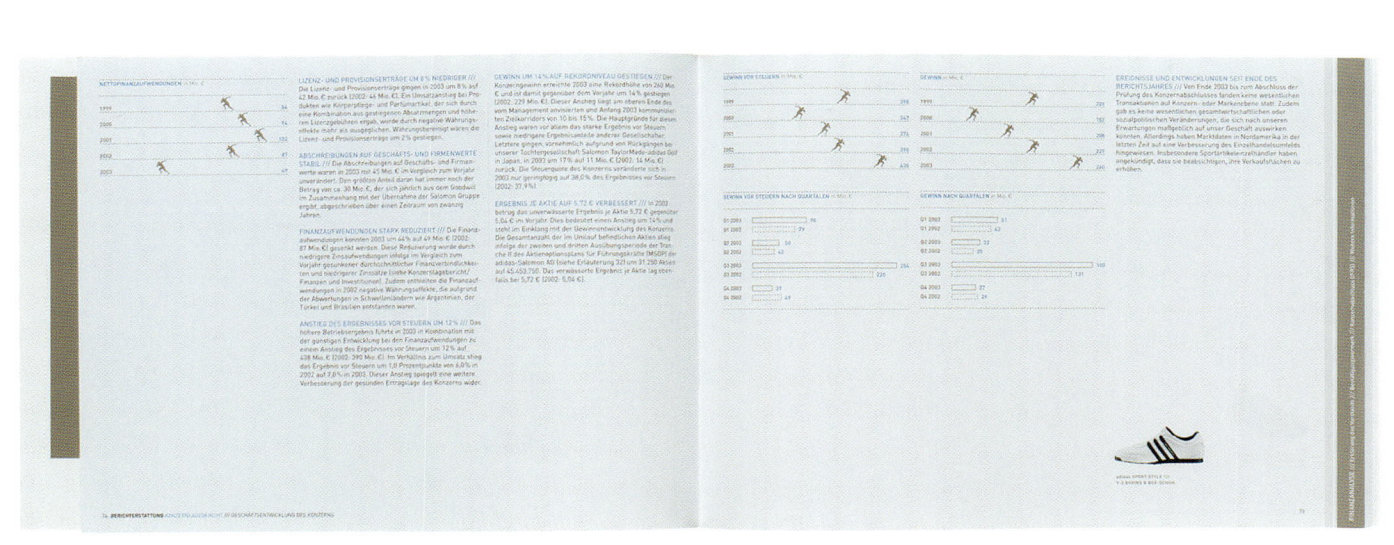

→ Agentur_häfelinger+wagner design gmbh¶
→ Verantwortlich_CD_Frank Wagner, Kerstin Weidemeyer¶
→ AD/Design_Kerstin Weidemeyer, Katharina von Hellberg¶
→ Text_Ottward Buchner¶
→ Litho_Adelgund Janik¶
→ Produktion/Satz_Susanne Lux, Andreas Rimmelpacher¶
→ Druck_Druckerei Aumeier GmbH¶

→ Jurybegründung_Das Thema Sport wird emotional inszeniert. Umsetzung, Grafik und Typo sind hervorragend. Der Inhalt erschließt sich durch das ungewöhnlich gestaltete Register schnell und zielsicher. Die Inszenierung des Testimonials transportiert glaubhaft die Meilenstiefel. Der Vorstand wird erfrischend anders vorgestellt und demonstriert Globalität.¶

¶
¶¬

DIPLOM → Seite 110-111

110°
149°

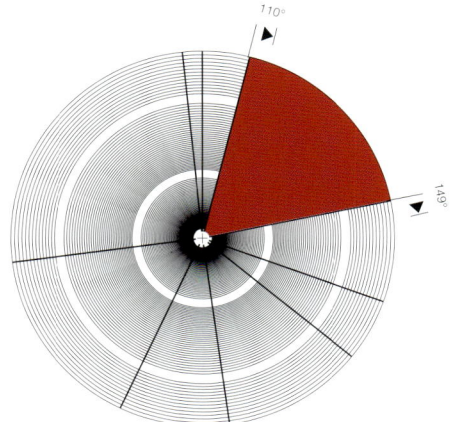

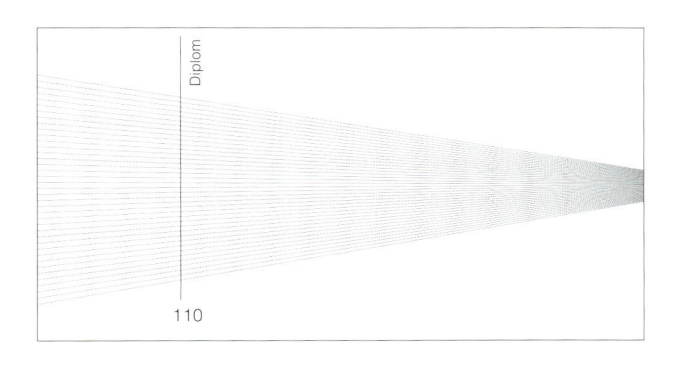

Diplom
110

DOPPELDIPLOM_Repro/Druck und Fotografie → Seite 112-113

-→ KATEGORIE_PROSPEKTE, BROSCHÜREN, DOKUMENTATIONEN FÜR PR_¶
→ Titel_Einreichung_Tara. Armatur und Archetypus. Eine Huldigung.¶
→ Zielgruppe_Endverbraucher, Kunden (Händler), internationale Meinungsbildner, Architekten¶
→ Kommunikationsziel_Entwicklung einer Publikation mit ausführlichen Texten und ungewöhnlichen Bildwelten, die der Tara als einem stilbildenden Armaturenklassiker huldigt. Von Thomas Edelmann (Hrsg.) ausgewählte namhafte internationale Autoren diskutieren designtheoretische, architektonische, soziologische und künstlerische Positionen im Kontext der Tara. Auf diese Weise entsteht eine umfassende Reflexion über Kultur, Gestaltung und den Stellenwert von Wasser in unserem Kulturkreis.¶
→ Auftraggeber_Aloys F. Dornbracht GmbH & Co. KG Armaturenfabrik¶
→ Verantwortlich_Marketing-/Werbe-/Projektleitung_Maximillian Philippi¶
→ Leitung_PR_Holger Struck¶

ARMATUR UND ARCHETYPUS. EINE HULDIGUNG.

HOMAGE TO A SANITARY FITTING AND AN ARCHETYPE.

→ Agentur_Meiré und Meiré AG
→ Verantwortlich_AD_Mike Meiré, Katja Fössel
→ Chefredaktion_Thomas Edelmann
→ (Kunden-)Beratung/Kontakt_Stephanie Eckerskorn
→ Fotografie_Jesse Frohman
→ Produktdesign_Sieger Design
→ Litho_Henning Krause
→ Druck_Meinders + Elstermann GmbH & Co.KG

→ Jurybegründung_Die Jury wertet die brillante Umsetzung der Fotografie durch Repro und Druck als höchst diplomwürdig. Bis ins Detail ist die Ästhetik der Aufnahmen nahezu originalgetreu reproduziert worden. Man spürt die Verbindung zwischen der feinfühligen Arbeit des Fotografen und der herausragenden Wiedergabe durch die Repro- und Druckfachleute.

-> KATEGORIE_PROSPEKTE, BROSCHÜREN,
   DOKUMENTATIONEN FÜR WERBUNG_¶

¶

→ Titel_Einreichung_Rheinhessen. Skandalös gut!¶
→ Zielgruppe_Personen aller Altersgruppen, die sich für rheinhessische Spitzenweine und eine unorthodoxe Gourmet-Veranstaltung interessieren¶
→ Kommunikationsziel_ Rheinhessen richtete 2004 zum ersten Mal ein Gourmet-Festival aus – eine junge Veranstaltung rund um ein traditionsreiches Thema. Von vergleichbaren etablierten Veranstaltungen – vor allem dem renommierten, auf der gegenüberliegenden und etwas vornehmeren Rheinseite stattfindenden »Rheingau-Gourmet-Festival!« – wollte man sich abheben, denn mit Rheinhessen tritt eine pulsierende und zum Aufbruch bereite Region an!

Hier ist mittlerweile eine neue, viel zitierte Winzergeneration mit einem mächtigen Selbstbewusstsein an der Arbeit und sammelt kräftig Punkte. Rheinhessen möchte zeigen, was es kann. Und das ist gut – skandalös gut sogar! Dies wurde zum Titel der gesamten Veranstaltung, was zugegebenermaßen im Kontext mit Wein durchaus gewagt schien.

Aufgabe des ARTelier Reiss war es, Kampagnentitel zu finden, ein Erscheinungsbild zu planen und zu kreieren und alle erforderlichen Medien für Werbung und Marketing gesamtverantwortlich umzusetzen.

Der gesamte visuelle Auftritt musste dabei dem Anspruch der Initiatoren – vinologische Handwerker und Künstler zugleich – gerecht werden: selbstbewußt, gefühlvoll, leidenschaftlich und frei von Konventionen. Auf- und wachrütteln, um zu zeigen, dass Rheinhessen etwas zu bieten hat. Auch die Bildsprache sollte dabei

14.00 Uhr: Silvaner Trophy Rheinhessen
Preisverleihung und Verkostung der Siegerweine der Silvaner Trophy sowie
Vorstellung der neuen RS Rheinhessen Silvaner, begleitet von einem Imbiss.

FREITAG, 23. APRIL 2004

50,- EUR pro Person

19.30 Uhr: Rheinhessen meets Österreich
Sternekoch Michael Beck kocht ein großes sechs-Gänge-Menü zu den grandiosen Weinen der
österreichischen Winzerstars F.X. Pichler (Wachau), Martin Nigl (Kremstal), Johannes Hirsch und
Kurt Angerer (Kamptal), komplettiert von den „großen Rheinhessen" Keller (Flörsheim-Dalsheim),
Wittmann (Westhofen), St. Antony (Nierstein), Gunderloch (Nackenheim) und den Aufsteigern
Wagner-Stempel (Siefersheim) und Würtz-Weinmann (Uelversheim).
Durch den Abend führen Sie Tino Seiwert (Weinhändler, Saarlouis) sowie alle anwesenden Winzer.

90,- EUR pro Person

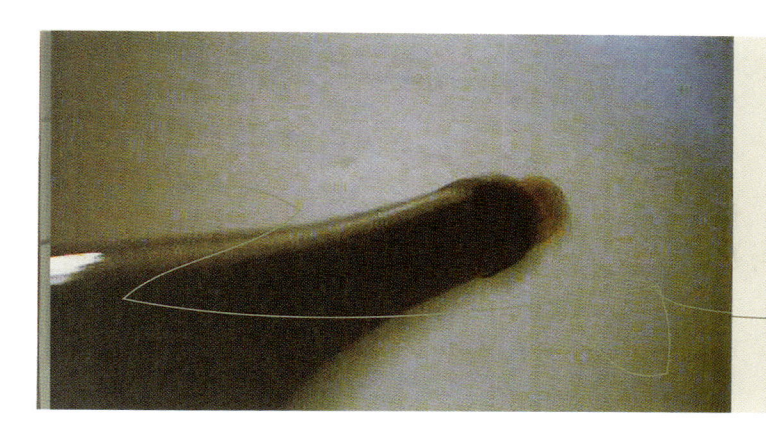

SAMSTAG, 24. APRIL 2004

13.00 Uhr bis 18.30 Uhr: Rheinhessen Jahrgangspräsentation 2003
In der Festhalle von Schloss Sörgenloch präsentieren der VDP-Rheinhessen, die Gruppe
„Großes Gewächs", „message in a bottle", ECO VIN, Selection Rheinhessen sowie der
„Talentschuppen Rheinhessen" zum ersten Mal gemeinsam den Jahrgang 2003. Pinard de
Picard stellt große Rotweine aus Südfrankreich vor, der Gastregion des Festivals 2005.

18,- EUR pro Person

14.00 Uhr: Edelsüße Spitzen
Edelsüße Spitzenweine aus Rheinhessen in einer einzigartigen Zusammenstellung, präsentiert von
Marcus Hofschuster, Chefredakteur des Internet-Weinmagazins wein-plus.

45,- EUR pro Person

SAMSTAG, 24. APRIL 2004

14.30 Uhr: Wanderung durch den Roten Hang in Nierstein
Sie wandern unter fachkundiger Leitung von Frau Dr. Michalsky durch einen der schönsten
und eindrucksvollsten Weinberge Rheinhessens und haben die Gelegenheit die Weine
„vor Ort" zu kosten.

30,- EUR pro Person

19.30 Uhr: Die „Rheinhessen Connection"
Michael Wesp (EZB, Frankfurt) und Lucas Christgen zaubern ein sechs-Gänge-Menü zu den
Weinen von Battenfeld-Spanier, Gysler, Gutzler, Gehring, Sander und Würtz-Weinmann,
präsentiert von Bernd Kern, Geschäftsführer des Rheinhessenwein e.V.

85,- EUR pro Person

Voranmeldung erforderlich!

---

helfen: »Hüftschüsse« – nicht mit dem Auge, sondern mit dem Herzen gemacht.
Bilder, die eher ein Gefühl transportieren als eine inszenierte Unwirklichkeit ins
»rechte Licht« rücken wollen. Im Zentrum des Projekts stand ein Mailing, bei dem
das kleine Programmheft an 18.000 Specialinterest-Adressaten versendet wurde.
Mit diesem Medium sollte nicht zuletzt gezeigt werden, dass auch auf Mailing
gerechtem Dünndruckpapier ein anspruchsvolles Design möglich ist. Hinzu
kamen fast schon romantisch-klassische Medien wie Ansichtskarten, Plakate,
Pressemappen, aber natürlich auch das Internet – alles realisiert mit einem eher
begrenzten Budget und durch einfache, unkonventionelle Ideen und gutes
Networking.¶

→ `Auftraggeber_Das Weinkontor e.K.`¶
→ `Verantwortlich_Dirk Würtz`¶
→ `Agentur_ARTelier Reiss`¶
→ `Verantwortlich_CD_Martin Reiss`¶
→ `AD_Martin Reiss, Sandra Ruffing`
→ `Text_Dirk Würtz`¶
→ `Fotografie/Illustration_Martin Reiss`¶
→ `Produktion/Satz_2Mb, Mainz`¶
→ `Grafik, Litho_2Mb/ARTelier Reiss`¶
→ `Druck/Weiterverarbeitung_Druckerei Schmerbeck, Tiefenbach`¶
→ `Jurybegründung_Liebevoller Versuch, eine biedere Region durch ihre Produkte und Aktivitäten neu zu positionieren. Eine gelungene Synthese aus Fotografie und Kalligrafie.`¶

¶¬

-> KATEGORIE_PROSPEKTE, BROSCHÜREN,
DOKUMENTATIONEN FÜR WERBUNG_¶

¶

→ Titel_Einreichung_»Ignition«/Imagebroschüre der DaimlerChrysler AG ¶
→ Zielgruppe_Kunden, Interessenten, Mitarbeiter u.a.¶
→ Kommunikationsziel_Herausstellung der technologischen Führerschaft der Marke Mercedes-Benz und Präsentation der neuen technischen Features in den aktuellen Mercedes-Benz-Automobilen in einer Broschüre als zentrales Imagemedium zur IAA 2003. Kaufanreize durch Imageaufladung der Gesamtmarke schaffen. Die Lösung: Geniale Ideen sind einfach. Und zwar aus Prinzip.

High-Tech-Lösungen für Sicherheit, Fahrfreude und Komfort sind hochkomplex. Ihre Wirkung und Bedienung ist aber sofort einleuchtend. Und so klar, dass man sie auch einfach erklären sollte. Da, wo man als Fahrer eines Oberklasse-Wagens gerade ist. Mit dem, was man gerade dabei hat. Zum Beispiel mit einer Streichholzschachtel. Sieben zündende Ideen werden an sieben Premium-Locations authentisch vermittelt. Formal und farblich auf Ausklapp-Fotos der neuen Mercedes-Modelle abgestimmt und ergänzt um Folgeseiten mit Details für die Freaks. So zündend wie ein Streichholz – und ein Zündschlüssel. So hochwertig verarbeitet wie ein Mercedes: mit Sonderfarben und Sonderlacken im Hardcover. Und kompakt verpackt in einer Streichholzschachtel.¶

→ Auftraggeber_DaimlerChrysler AG¶
→ Verantwortlich_General Manager Global Advertising Passenger Cars Mercedes-Benz_Lothar Korn¶
→ Manager Global Advertising Passenger Cars_Stefan Brommer¶
→ Projektleitung_Ansprechpartner_Simone Vogel¶
→ Agentur_strichpunkt GmbH¶
→ Verantwortlich_CD_Kirsten Dietz, Jochen Rädeker¶
→ AD_Felix Widmaier¶
→ Text_Karl Böhm, Hans-Dieter Pfundtner¶
→ (Kunden-)Beratung/Kontakt_Jeannette Kohnle, Jochen Rädeker¶
→ Grafik-Design_Felix Widmaier¶
→ Satz_strichpunkt /Typosatz Bauer¶
→ Fotografie_Jan Steinhilber, Hamburg¶
→ Produktion_Factory 7, Stuttgart¶
→ Jurybegründung_Auffallend bei diesem Produkt ist die Durchgängigkeit der exzellenten Qualität, welche durch Lithografie und Druck geschaffen wurde. Als besonders hervorzuheben wertet die Jury den Druck der einzelnen Doppelseitenübergänge sowie die Konstanz der gerasterten Graufonds über das gesamte Werk. Diese Arbeit hat ein Diplom verdient.¶

¶¬

DIPLOM_Text → Seite 118-119

Wege zur Reinheit.

Fünf Beispiele fürs Putzen und eines dagegen.

ERLUS

- › KATEGORIE_PROSPEKTE, BROSCHÜREN, DOKUMENTATIONEN FÜR WERBUNG_¶
- › Titel_Einreichung_Wege zur Reinheit¶
- › Zielgruppe_Architekten, Baustoffhandel¶
- › Kommunikationsziel_Markteinführung von ERLUS Lotus, dem ersten selbstreinigenden Tondach der Welt. Da dieser Effekt optisch nicht zu vermitteln ist, wurde über das Konzept »Wege zur Reinheit« ein eher feuilletonistischer Ansatz gewählt.¶
- › Auftraggeber_Erlus AG¶
- › Verantwortlich_Werbeleitung_Max Semmelmann¶
- › Agentur_Leonhardt & Kern, Uli Weber Werbeagentur GmbH¶
- › Verantwortlich_CD_Uli Weber¶

→ AD_Eberhard Rapp¶
→ Grafik_Ivona Milicevic¶
→ Text_Gert Schilling¶
→ Fotografie_Hartmut Seehuber/Strandperle Medienservices¶
→ Produktion/Satz_Undercover, Stuttgart /Marc Röder, Präsentationsservice, Stuttgart¶

→ Druck_Find Druck und Design AG¶
→ Weiterverarbeitung_Heimerdinger Buchbinderei, Ditzingen¶
→ Prägung_Oskar Imberger + Söhne GmbH, Stuttgart¶
→ Jurybegründung_Ein alltägliches Produkt mit neuer Produkt-Eigenschaft wird auf sympathische und frische Art dem potenziellen Kunden präsentiert. Pointiert und erzählerisch zugleich.¶¬

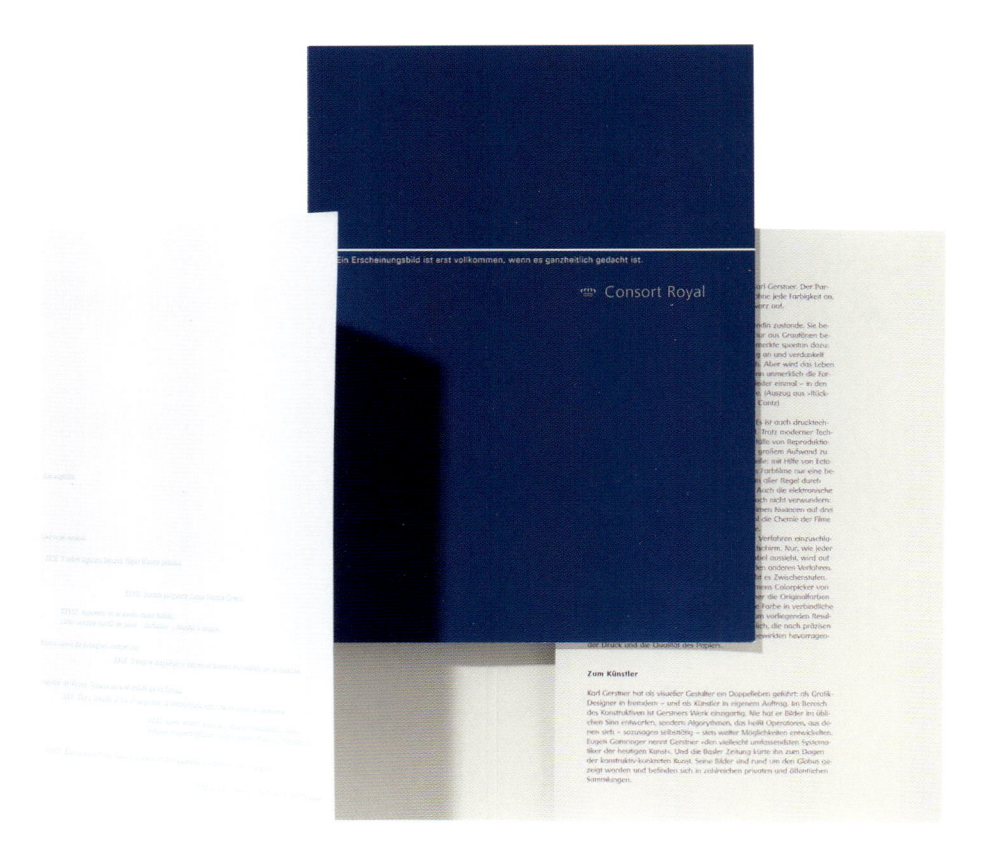

DIPLOM_Konzeption → Seite 120-121

2004_BERLINER TYPE_Internationaler Druckschriftenwettbewerb

-> KATEGORIE_PROSPEKTE, BROSCHÜREN,
DOKUMENTATIONEN FÜR WERBUNG_¶

¶

→ Titel_Einreichung_Consort Royal – Ein Erscheinungsbild ist erst vollkommen, wenn es ganzheitlich gedacht ist.¶

→ Zielgruppe_Designer, Agenturen, Premium-Drucker und Art-Direktoren, die offen für qualitative Aspekte sind und die Papierauswahl vorschlagen, sowie die für die Markenpolitik verantwortlichen Entscheider in Unternehmen.¶

→ Kommunikationsziel_Corporate Paper als Missing Link der Unternehmenskultur. Aufgabenstellung: Gestaltung der neuen Markenbroschüre, der Premiummarke »Consort Royal« für die Papierfabrik Scheufelen.

Häufig bildet die Papierauswahl das Ende der Gestaltungskette und wird einem Produktioner oder Drucker überlassen. Dann spielen sich meist Kostengesichtspunkte in den Vordergrund. Das aber spüren dann auch die Menschen, denen ein Unternehmen zum Beispiel in Form einer Imagebroschüre begegnet.

Ist der Designer jedoch gut, dann bezieht er die Papierfrage von vornherein in seine Gestaltung ein und wählt ein Medium, das in seinen visuellen, verarbeitungstechnischen und haptischen Eigenschaften das übergeordnete Imageziel bestmöglich unterstützt. Kern unserer Kommunikationsstrategie ist deshalb eine Neubewertung der Papierauswahl im Gestaltungsprozess und für die Markenpolitik von Unternehmen. Wir erklären die Papierauswahl zum integralen Bestandteil des Corporate Design und machen aus simplem Papier »Corporate Paper«. »Corporate Paper« ist die Abrundung, die dem Corporate Design bisher noch gefehlt hat – das Missing Link der Unternehmenskultur.

Die Broschüre ist als Spiel mit einem ernstzunehmenden Hintergrund angelegt. Wir haben zehn verschiedene Geschäftsfelder – Licht, Dynamik, Präzision, Ambiente, Kapital, Innovation, Sicherheit, Gesundheit, Hightech, Design – ausgesucht und diesen Gestaltungselemente (Schrift, Farbe und Bilder) zugeordnet. Das soll kein Schema und kein Rezept sein, der Spielraum für anderes Empfinden ist groß. Deshalb fordern wir die Leser auf, sich selbst eine Meinung zu bilden und im Umblättern der Streifen eigene Kombinationen zu entdecken. Oder die unseren bestätigt zu finden.

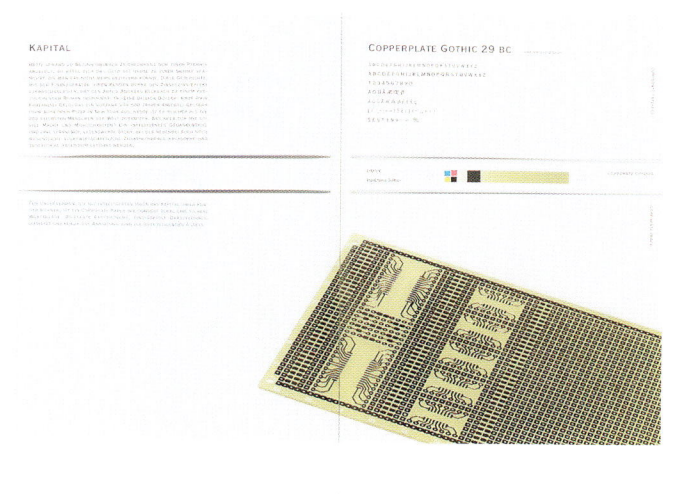

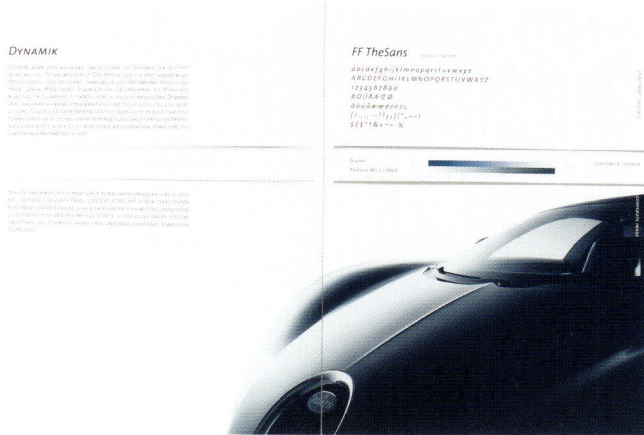

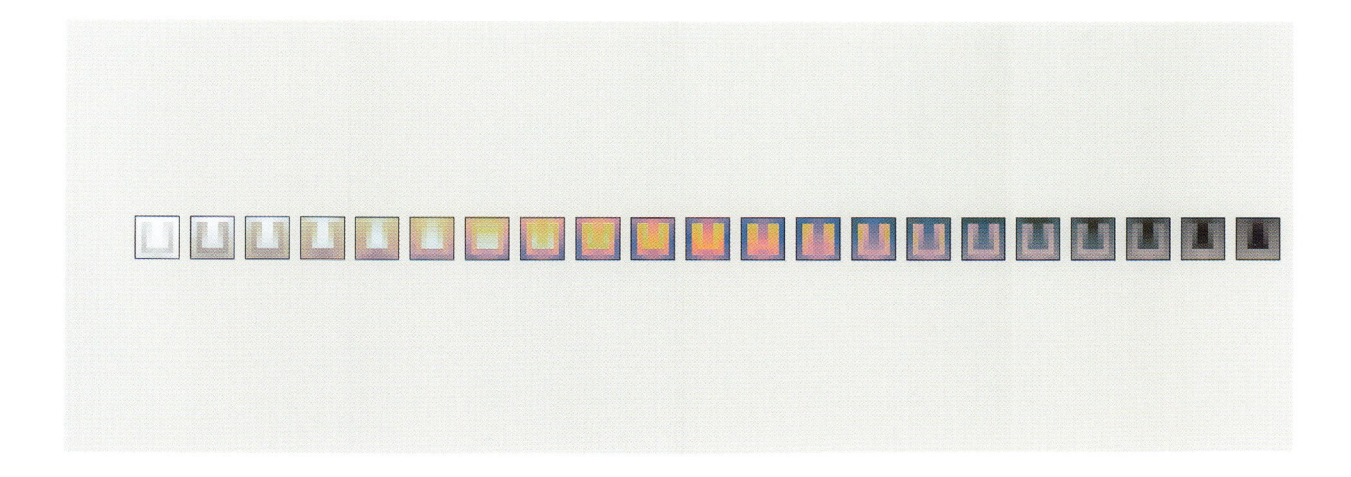

Der Schutzumschlag der Markenbroschüre zeigt innen ein Werk des Künstlers Karl Gerstner, einem der wichtigsten, internationalen Vertreter der konkreten Kunst. Die Arbeit ist der Zyklus »carro 64 vita parcours«, in 21 Bildern von weiß über blau zu schwarz, gehalten – den Markenfarben von CONSORT ROYAL, die auch die Corporate Colours vieler Spitzen-Unternehmen sind.

Auf den Außenseiten des Einbands werden 33 Gedichte über die Farbe Weiß (›Blanco‹ von Rafael Alberti) typografisch und als Reliefdruck inszeniert.

Auch an ein attraktives und nützliches Give-away haben wir gedacht. Der kleine Schriftenfächer enthält alle 10 Typefaces, die auch in der Markenbroschüre vorkommen. Jeweils mit ihrem visuellen Profil und mit einem Blick unter die Oberfläche: Zu jeder Schrift wurde ein Psychogramm erstellt, das ein Anmutungsprofil der Schriften liefert. Ein kleines handliches Werkzeug für alle, die sich mit CD-Fragen befassen. Gestaltet für und gedruckt natürlich auf Consort Royal.¶

→ Auftraggeber_Papierfabrik Scheufelen GmbH+Co. KG¶
→ Verantwortlich_Projektleitung Marke Consort Royal_Monika Heizmann¶
→ Agentur_united ideas, Agentur für Kommunikation¶
→ Verantwortlich_CD_Prof. Judith M. Grieshaber¶
→ AD_Prof. Judith M. Grieshaber¶
→ Text_Prof. Judith M. Grieshaber, Irene Horn, Manfred Kröplien¶
→ Fotografie_Matthias Schlemmer¶
→ Grafik_Birgit Horn¶
→ Litho_Al Koller¶
→ Druck_Raff GmbH¶
→ Weiterverarbeitung_Bome Papierverarbeitung, Oskar Imberger + Söhne GmbH, Rieker Druckveredelung GmbH & Co. KG¶
→ Jurybegründung_Es wird anschaulich verdeutlicht, dass die Papierauswahl nicht dem Drucker überlassen bleiben sollte, sondern dass Papier ein wesentlicher Bestandteil des Corporate Designs ist. Dies wird zugleich höchst ästhetisch dargestellt.¶

¶
¶¬

DIPLOM_Grafik-Design → Seite 122-123

-> KATEGORIE_PROSPEKTE, BROSCHÜREN,
   DOKUMENTATIONEN FÜR PR_¶

¶

→ Titel_Einreichung_andreas uebele weg zeichen/my type of place¶
→ Zielgruppe_Auftraggeber, Gestalter¶
→ Kommunikationsziel_Die Werkmonografie ermöglicht den Diskurs über die eigene Arbeit und mit anderen Gestaltern und möglichen Auftraggebern¶
→ Auftraggeber_büro uebele visuelle kommunikation¶
→ Verantwortlich_Geschäftsführer und Inhaber_Prof. Andreas Uebele¶
→ Agentur_büro uebele visuelle kommunikation¶
→ Text_Jacques Blumer, Wilfried Korfmacher, Uwe Loesch, Karin Sander, Andreas Uebele¶

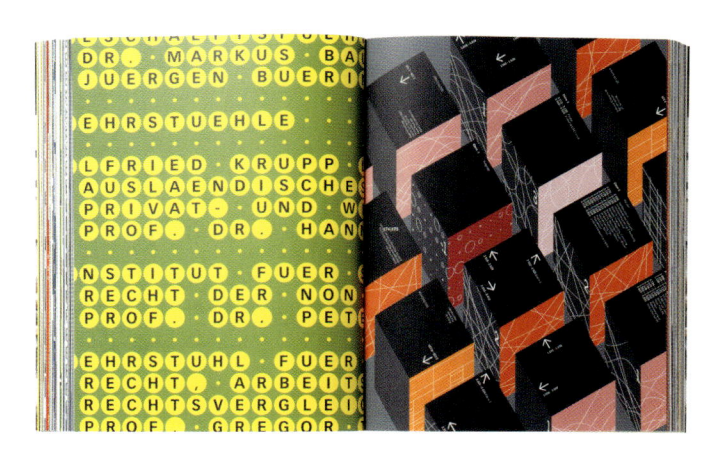

→ Verantwortlich_CD_Andreas Uebele¶

→ Fotografie/Illustration_Dirk Altenkirch, Lothar Bertrams, Claudio Hils, Werner Huthmacher, Andreas Keller, Andreas Körner, Christian Richters, Bernhard Widmann¶

→ Produktion/Satz_Andreas Uebele¶

→ Grafik/Litho_Bucher+Eicher Digital/C+S Repro/NovaConcept¶

→ Druck_Leibfarth & Schwarz¶

→ Weiterverarbeitung_Riethmüller GmbH¶

→ Jurybegründung_Eine selbstbewusste Agenturpräsentation. Klare intellektuelle Positionierung. Vielfalt statt Einfalt.¶

¶

¶¬

DIPLOM_Buchbinderische Verarbeitung → Seite 124–125

- → KATEGORIE_PROSPEKTE, BROSCHÜREN,
  DOKUMENTATIONEN FÜR PR_¶
- → Titel_Einreichung_Friede Freiheit Sicherheit.
  Zwei Jahrhunderte Sicherheits- und Verteidigungspolitik der Schweiz¶
- → Zielgruppe_Staatsgeschenk an Auserlesene der Regierung
  (Militärdepartement)¶
- → Kommunikationsziel_200 Jahre Friedenspolitik der Schweizerischen
  Eidgenossenschaft¶
- → Auftraggeber_VBS – Eidgenössisches Departement für Verteidigung,
  Bevölkerungsschutz und Sport, Bern¶
- → Verantwortlich_Direktion für Sicherheitspolitik, Bern¶

→ Projektleitung und Redaktion_Felix Christ (Hrsg), Oswald Sigg, Jürg Stüssi-Lauterburg, Philippe Welti

→ Agentur_Jeanmaire & Michel AG, Kommunikations- & Werbeagentur, CH-Bern

→ Verantwortlich_Gestaltungskonzept/Art Buying/ Realisation_Regula Döbeli, Jacqueline Jeanmaire, Stephan Michel

→ Jurybegründung_Hier ist insbesondere die Schwierigkeit in der Ausführung zu bewerten: Alle Inhaltsbogen sind als Achtseiter nach oben aufklappbar und vollflächig verklebt. Sehr schwierige Arbeit, hervorragend gelöst und sauber verarbeitet.

DIPLOM_Grafik-Design → Seite 126-127

-→ KATEGORIE_PROSPEKTE, BROSCHÜREN,
   DOKUMENTATIONEN FÜR PR_¶
¶
→ Titel_Einreichung_FH D Kommunikationsmedien¶
→ Zielgruppe_Öffentlichkeit, Industrie, Partnerschulen, Bewerber, Studenten, Dozenten¶
→ Kommunikationsziel_Selbstdarstellung, Öffentlichkeitsarbeit, Information¶

→ Auftraggeber_Fachhochschule Düsseldorf¶
→ Verantwortlich_Prof. Dr. Phil. Hans-Joachim Krause (Rektor), Harald Wellbrock (Kanzler)¶
→ Agentur_FH Düsseldorf, Fachbereich Design¶
→ Verantwortlich_Prof. Wilfried Korfmacher (Dekan), Prof. Victor Malsy (Prodekan), Prof. Philipp Teufel¶
→ Redaktion_Martina Vogt¶

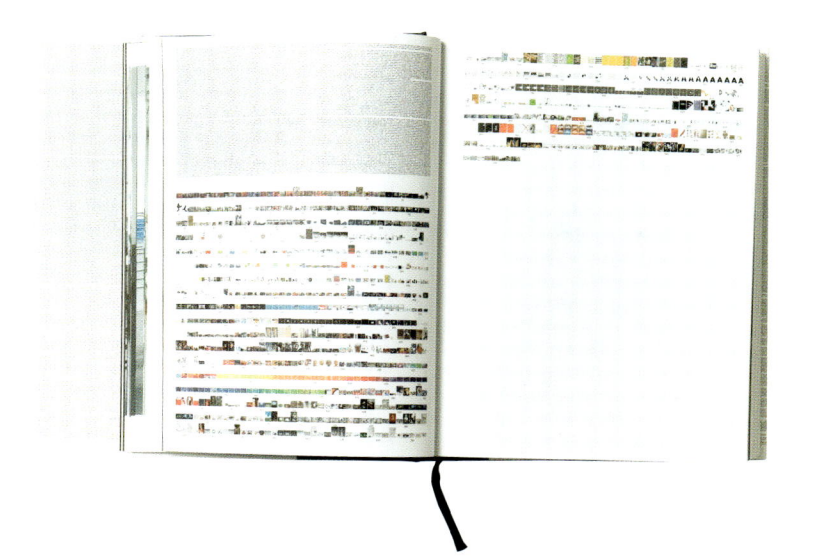

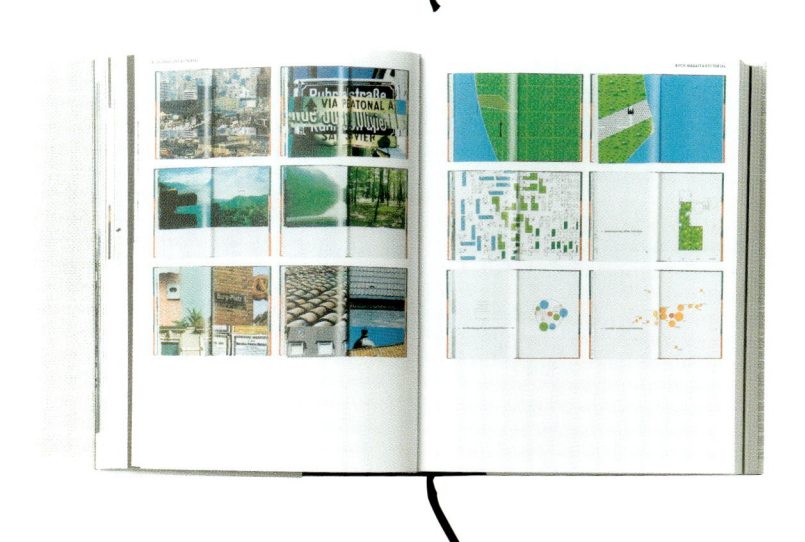

→ Gestaltung_Alexander Gialouris, Markus Kremer, Thomas Meyer, Hendrik Bruning, Nadine Willms, Nils Mengedoth, Bettina Knoth, Carola Rentz¶
→ Lektorat_Sabine Stoye¶
→ Übersetzung_L&P Lanzilotta GmbH¶
→ Fotografie_Michael Lübke¶
→ Produktion_Jung Produktion, Letter Partners¶
→ Druck/Bindung_Bonifatius Druck¶

→ Jurybegründung_Der Auftritt der FH besticht durch seine Konsequenz, seine Modernität und den informativen Gehalt. Der Auftritt lässt ein hohes Niveau der Lehre erwarten.¶

DIPLOM_Konzeption → Seite 128-129

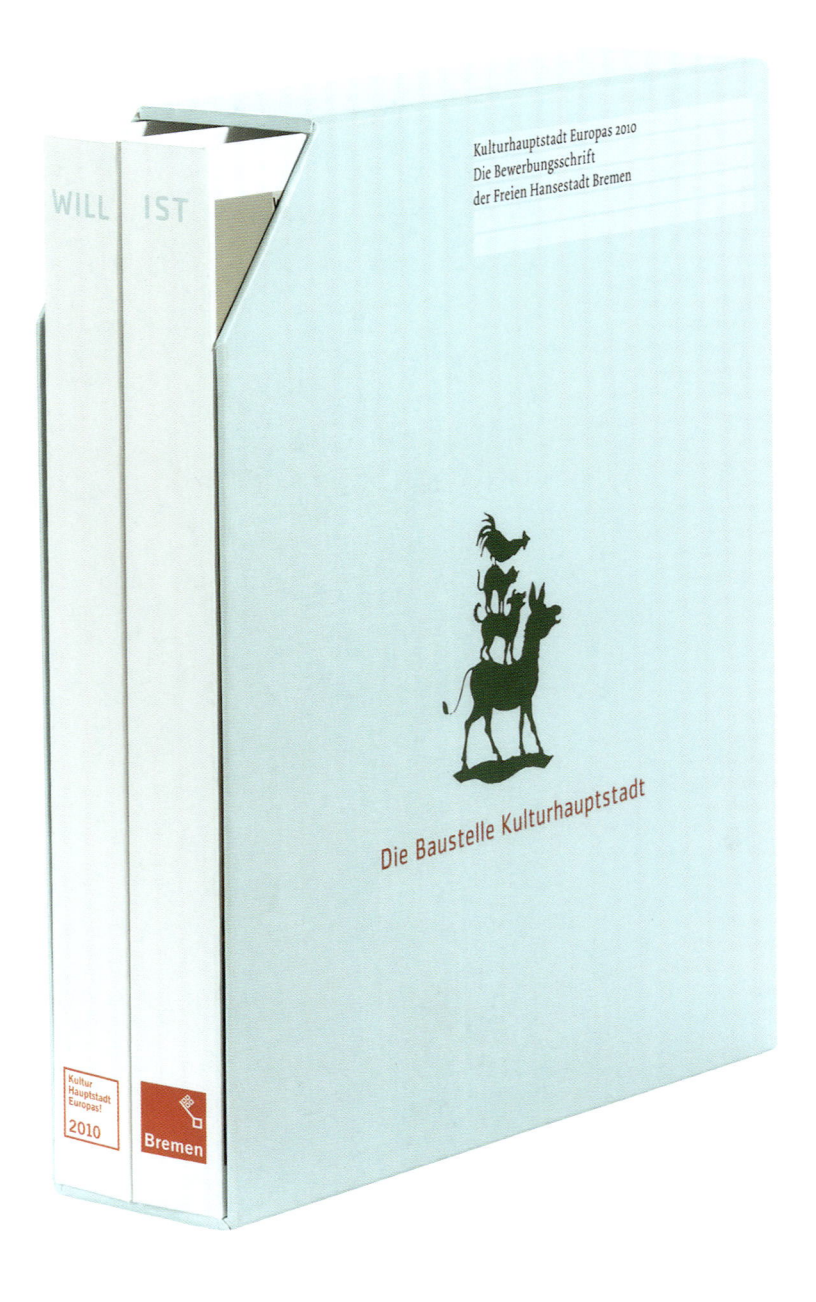

-› KATEGORIE_PROSPEKTE, BROSCHÜREN,
   DOKUMENTATIONEN FÜR PR_¶
¶
→ Titel_Einreichung_Kulturhauptstadt Europas 2010
  – Die Bewerbungsschrift der Freien Hansestadt Bremen¶
→ Zielgruppe_Kommission zur Auswahl der Europäischen
  Kulturhauptstadt 2010¶
→ Kommunikationsziel_Die beiden Bände der Bremer Bewerbungsschrift
  sind ein Ganzes und dennoch verschieden. »Was Bremen ist« erzählt von dem,
  was die Stadt Bremen ist und ihr Wesen ausmacht. Denn die Bewerbung Bremens
  geht von den eigenen Stärken und Schwächen aus – sie versteht Kultur als die
  Summe vieler Möglichkeiten, aus denen Neues entstehen wird – nach innen wie
  nach außen. Kurzum: Ein Porträt als Liebeserklärung.
  »Was Bremen will« skizziert den Weg zum großen »Ziel«, Kulturhauptstadt
  Europas 2010 zu werden. Denn diese Bewerbung ist eine Reise jenseits des
  Bekannten. Zusammen mit Bremerhaven und seinen Partnerstädten Gdánsk
  und Riga wird Bremen suchen und lernen, um Gastgeberin Europas zu sein.
  Kurzum: Ein Programm als Verpflichtung.
→ Auftraggeber_Bremen 2010. Projekt Kulturhauptstadt Europas
  c/o Bremen Marketing GmbH

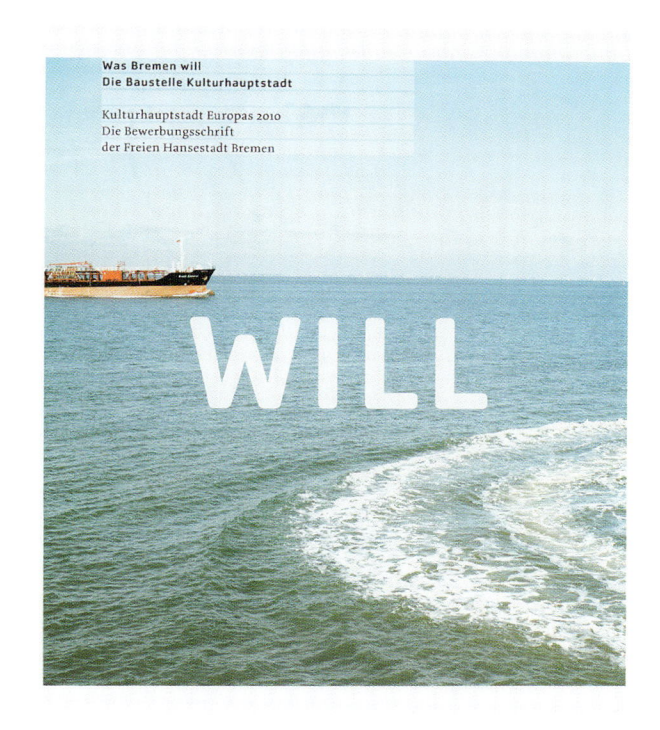

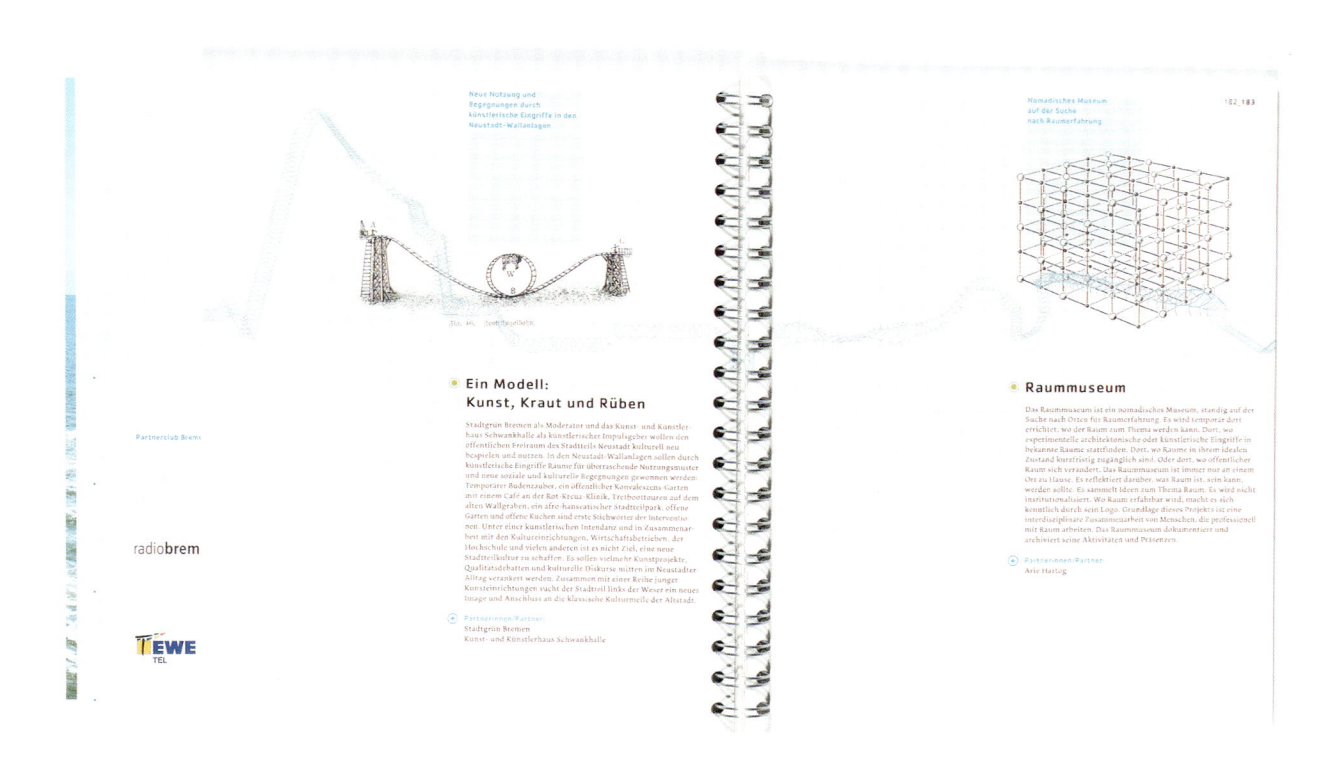

→ Verantwortlich_Federführung_Der Senator für Kultur¶
→ Künstlerische Leitung_Martin Heller¶
→ Geschäftsführung_Klaus Sondergeld¶
→ Team_Imke Engelbrecht, Ulrich Fuchs, Jens Joost-Krüger, Katharina Nitsch, Karin Puck, Katharina Schenk¶
→ Textverarbeitung_Sabine Haack, Martin Jäggi¶
→ Agentur_jung und pfeffer : visuelle kommunikation Bremen / Amsterdam¶
→ Verantwortlich_CD/AD_Florian Pfeffer¶
→ Text_Sabine Haack, Martin Jäggi¶
→ (Kunden-)Beratung/Kontakt_Florian Pfeffer¶

→ Fotografie/Illustration_diverse (siehe Bildnachweis)¶
→ Produktion/Satz/Grafik/Litho_Anja Krause¶
→ Druck/Weiterverarbeitung_ASCO STURM dRUCK GmbH, Bremen¶

→ Jurybegründung_Selbstbewusstes und überzeugendes Konzept, das mittels guter und interessant zu lesender Texte in umfassender zweibändiger Präsentation das IST und WILL darstellt.¶

¶
¶
¶¬

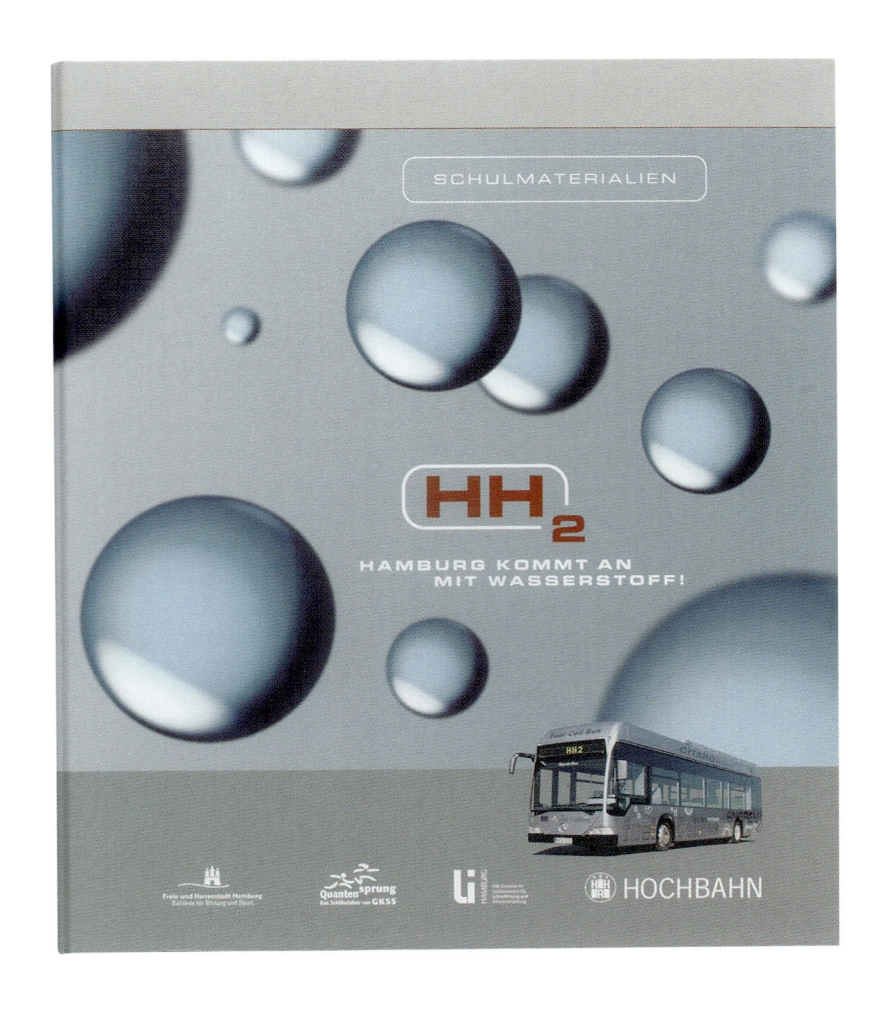

-> KATEGORIE_PROSPEKTE, BROSCHÜREN,
DOKUMENTATIONEN FÜR PR_¶
¶
→ Titel_Einreichung_HH$_2$ – Hamburg kommt an mit Wasserstoff!¶
→ Zielgruppe_Die Unterrichtsmaterialien richten sich vor allem an Lehrer und
Schüler der Jahrgangsstufen 9 und 10, Ordner mit Inhalten: Mobilität, Wasserstoff-
technologie, HH$_2$ in Hamburg, Anhang¶

→ Kommunikationsziel_Schaffung von Bewusstsein bei der heranwachsenden
Zielgruppe für die Aufgaben des ÖPNV und der HOCHBAHN
· Darstellung des verantwortlichen Umgangs mit natürlichen Ressourcen im
Zusammenhang mit urbaner Mobilität (CUTE)
· Vermittlung der Grundlagen und Entwicklungspotenziale der Wasserstoff-
technologie
· HH$_2$ hautnah erleben: Besuch der Wasserstofftankstelle in Hummelsbüttel¶

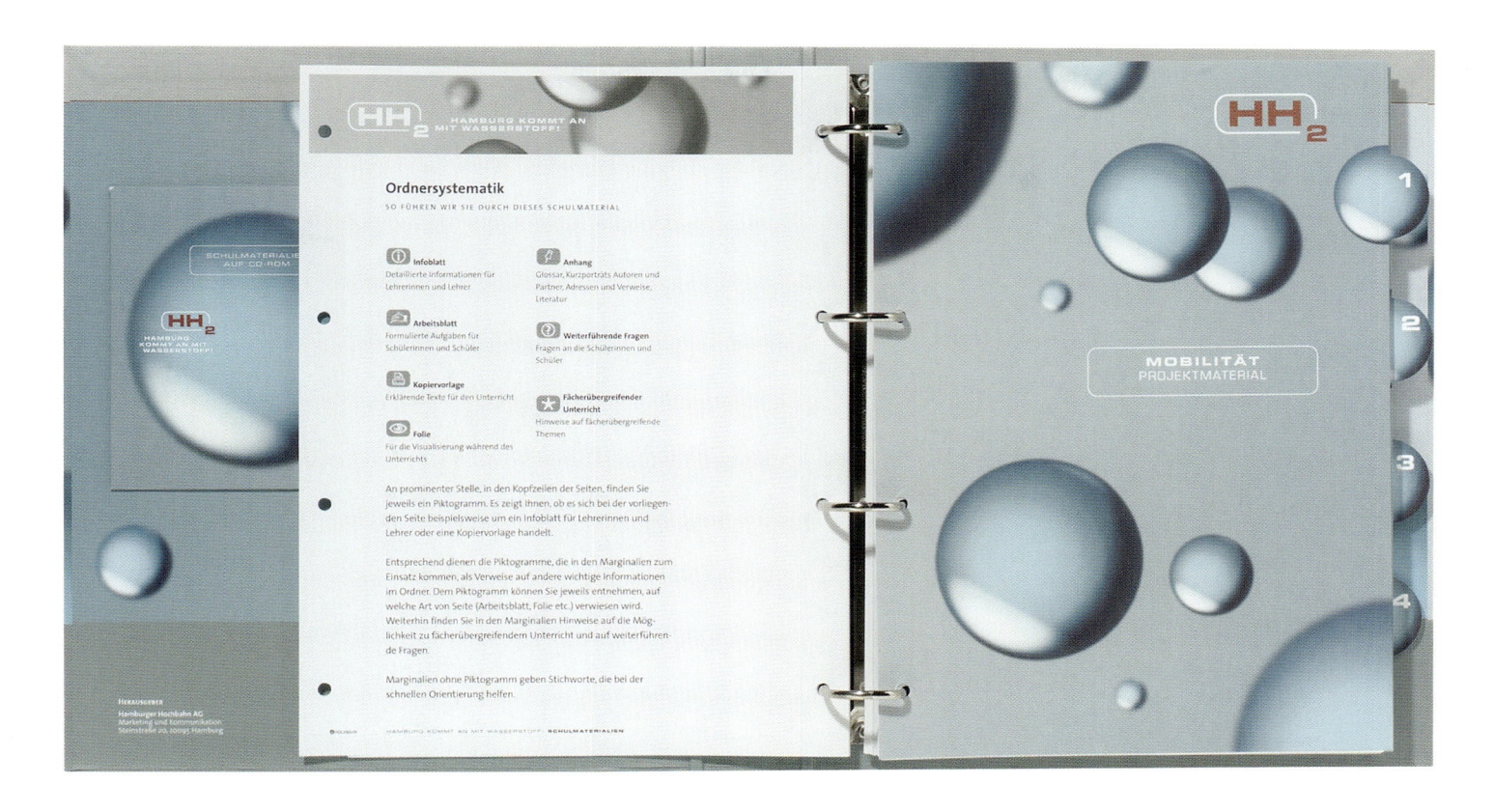

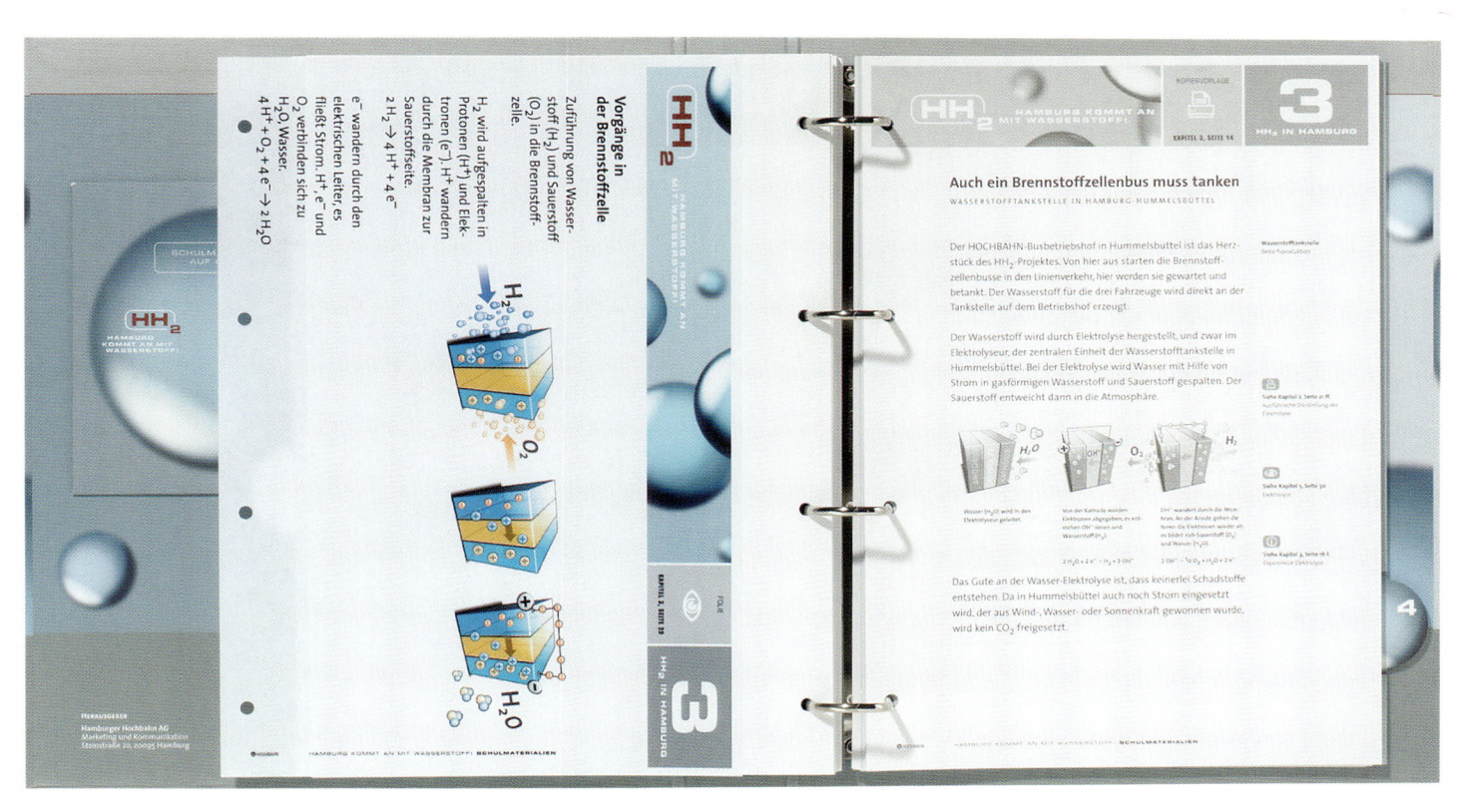

→ Auftraggeber_Hamburger Hochbahn AG
→ Verantwortlich_Marketingreferentin Ressort Bus_ Birgit Christmann
→ Agentur_UMPR Ute Middelmann Public Relations GmbH
→ Text/(Kunden-)Beratung/Kontakt_Ute Middelmann
→ Druck_Partner Werbung und Druck, Pinneberg

→ Jurybegründung_Die Hamburger Hochbahn AG möchte Kunden/Nutzer von ihrem Energiekonzept – dem Einsatz von Wasserstoff – überzeugen. Attraktiver und praktisch aufbereiteter Ordner, in dem Lehrer als Multiplikatoren didaktische Leitfäden und Unterrichtsmaterialien finden.

DIPLOM_Typografie → Seite 132-133

-> KATEGORIE_PROSPEKTE, BROSCHÜREN,
   SALESFOLDER FÜR VERKAUFSFÖRDERUNG_¶
→ Titel_Einreichung_Das Maß aller Dinge – DTP-Typometer¶
→ Zielgruppe_Gestalter, Typografen, Setzer, Kunden in der Werbeabteilung¶
→ Kommunikationsziel_Es galt, das alltägliche Handwerkszeug alter Typografen nicht nur neu zu gestalten, sondern auch ansprechend zu verpacken, um damit für die angeschlossene Universitätsdruckerei zu werben und gleichzeitig dem Verlag einen Verkaufsartikel im Nonbook-Bereich zu bescheren, der typografische Kompetenz symbolisiert.¶
→ Auftraggeber_Verlag Hermann Schmidt Mainz GmbH & Co. KG, Karin und Bertram Schmidt-Friderichs¶
→ Verantwortlich_Bertram Schmidt-Friderichs¶
→ Agentur_Maxbauer und Maxbauer (Autoren) / strichpunkt agentur für visuelle kommunikation gmbH (Gestalter der Verpackung)¶

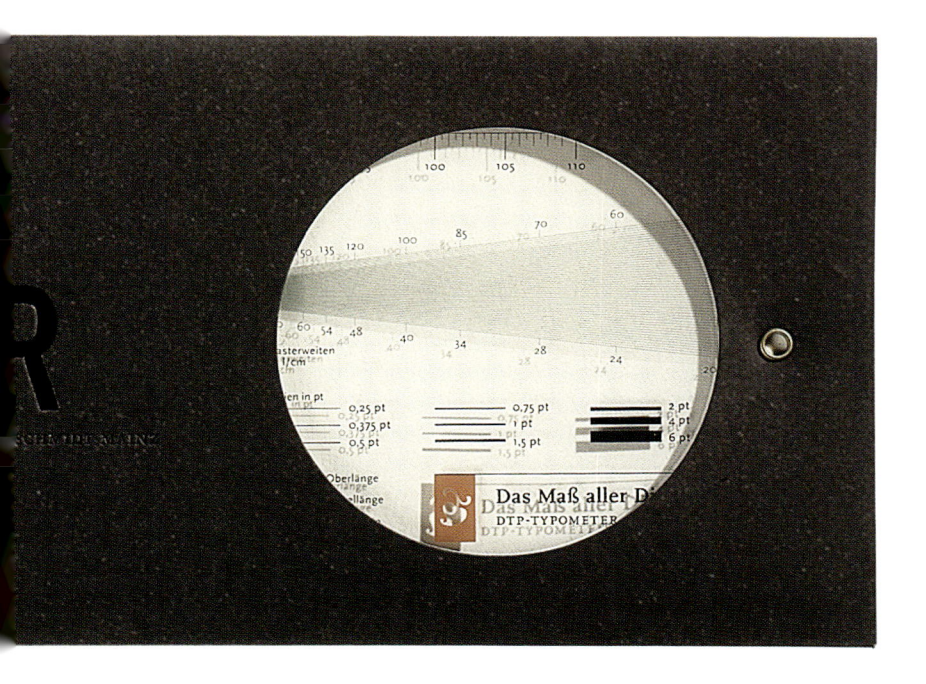

→ `Verantwortlich_CD`
 Typometer: Andreas und Regina Maxbauer (Maxbauer und Maxbauer)
 Verpackung: Kirsten Dietz, Jochen Rädeker (strichpunkt)¶
→ `AD_`Kirsten Dietz // `Text_`Andreas und Regina Maxbauer¶
→ `Produktion/Satz_`Typometer: Andreas + Regina Maxbauer¶
 Verpackung: strichpunkt GmbH, Stuttgart //
 Bleibuchstaben: Offizin Haag-Drugulin Grafischer Betrieb, Leipzig¶

→ `Druck_`Verpackung: Universitätsdruckerei H. Schmidt Mainz,
 Typometer: Bitsch GmbH & Co. KG Kunststoffverarbeitung, Lautertal¶
→ `Weiterverarbeitung_`Bölling Prägedruck¶
→ `Jurybegründung_`Der Verlag dokumentiert auf hohem typografischem Niveau den Anspruch und den Inhalt seines Verlagsprogramms.¶

Sicherheit zählt

RENAULT

-> KATEGORIE_PROSPEKTE, BROSCHÜREN, SALESFOLDER FÜR VERKAUFSFÖRDERUNG_

→ Titel_Einreichung_Sicherheit zählt

→ Zielgruppe_Interessenten und Kunden von Renault Fahrzeugen aus allen Kommunikationskanälen

→ Kommunikationsziel_Mit fünf Modellen, die die höchste Bewertung von fünf Sternen im Euro-NCAP-Test erreicht haben, ist Renault die sicherste Marke in Europa.

Dieses Ergebnis ist nicht ohne Grund erreicht worden, denn unzählige Mitarbeiter sind bei Renault nur damit beschäftigt, neue und innovative Technologien zum Schutz des Autofahrers und der Insassen zu entwickeln.

Die Broschüre untermauert den Aspekt der Sicherheit mit eindeutigen Fakten, schafft Transparenz, klärt auf und dokumentiert auf sehr ungewöhnliche und kreative Art, dass Sicherheit bei Renault auf einem sehr hohen Niveau gehandelt wird. Sie überzeugt und gibt Interessenten das gute Gefühl, sich für eine sichere Marke zu entscheiden.

0

Das Schönste, was unserer Meinung nach passieren kann, ist, dass im Straßenverkehr nichts mehr passiert. Null Unfälle. Das ist die Vision von Renault. Und irgendwann wird sie vielleicht Realität sein. Bis dahin arbeiten wir mit aller Kraft daran, Autofahrern so viel Sicherheit zu bieten wie technisch überhaupt nur möglich. Es geht uns darum, Gefahren vorhersehbar zu machen und schon im Vorfeld zu vermeiden. Es geht uns darum, dem Fahrer zu helfen, in kritischen Situationen die Kontrolle über sein Fahrzeug zu behalten. Und es geht uns darum, bei einem Unfall den Insassen Schutz auf höchstem Niveau zu bieten. Vor allem hier zählen Autos von Renault zu den sichersten Europas und legen in Tests immer wieder die Latte, an der sich andere messen lassen müssen, ein Stück höher. Außerdem fördern wir durch gezielte Maßnahmen auch das Verantwortungsbewusstsein von Autofahrern. Denn wir sind uns über unsere gesellschaftliche Verpflichtung als Automobilhersteller im Klaren und glauben, dass im Straßenverkehr vor allem eines zählt: Sicherheit.

4,3 mm

Insgesamt knapp einen halben Zentimeter stark sind die drei Bleche in den B-Säulen eines Renault, die zu einem extrem steifen System verschweißt sind. Generell gilt der Flankenkonstruktion bei Renault ein besonderes Augenmerk. Weil diese Knautschzone bei einem Seitenaufprall natürlich sehr knapp ist, sind hier innovative Lösungen gefragt. Hohlräume in den Türen füllen wir mit High-Tech-Schaum in wabenförmiger Struktur. Das so genannte Honeycomb ermöglicht eine hohe Stabilität bei minimaler Masse, absorbiert Stöße effektiv und unterstützt den Seitenairbag in seiner Wirkung erheblich.

> Auftraggeber_Renault Nissan Deutschland AG
> Verantwortlich_Leiter Marketing Kommunikation_Jörg Ellhof
> Agentur_PUBLICIS Frankfurt GmbH
> Verantwortlich_CD_Uwe Merz, Dirk Galia
> AD_Ingo Waclawczyk
> Text_Eric Kohlenberger
> Kontakt_Caroline Kausche
> Fotografie_Norbert Hüttermann
> Produktion/Satz_Susanne Losenicky
> Jurybegründung_Wer Sicherheit kommunizieren will, braucht Fakten – und diese eindrücklich dargestellt. In der Broschüre »Sicherheit zählt« wird dies in Bild und Text überzeugend getan. Zahlen werden mit Situationen beim Autofahren verbunden. Es gelingt der Agentur Publicis einleuchtend, Realität und Folgen so zu verbinden, dass die Sicherheit der Marke Renault klar positioniert wird.

DIPLOM_Repro/Druck → Seite 136–137

-> KATEGORIE_PROSPEKTE, BROSCHÜREN,
SALESFOLDER FÜR VERKAUFSFÖRDERUNG_¶

¶

→ Titel_Einreichung_Rodenstock Leistungsbroschüre¶
→ Zielgruppe_Inhaber, Geschäftsführer und sonstige Entscheider in unabhängigen mittelständischen Augenoptik-Fachgeschäften¶
→ Kommunikationsziel_Nicht zuletzt bedingt durch eine Reihe von Gesundheitsreformen mit schrittweiser Herausnahme der Brille aus der gesetzlichen Krankenversicherung und eine wachsende Zahl internationaler Anbieter hat sich im deutschen Augenoptik-Markt der Wettbewerb auf Herstellerseite in den vergangenen Jahren kontinuierlich verschärft. Mehr und mehr legen Fachhändler bei Ihrer Einkaufsentscheidung Wert auf niedrigpreisige Produkte und attraktive Konditionen; bereitwilliger als früher werden selbst langjährige Lieferantenbeziehungen zugunsten kurzfristiger Einkaufsvorteile bei anderen Anbietern in Frage gestellt. Rodenstock als mittelständischer, strikt fachhandelsorientierter Qualitätsanbieter für Brillengläser und -fassungen steht in dieser Situation vor der Herausforderung, sich beim »Wettbieten« mit den großen internationalen Wettbewerbern um die Gunst des Fachhandels aufgrund seiner geringeren Größe und hochwertigeren Markenpositionierung nicht sinnvoll auf einen Preis- bzw. Konditionenkampf einlassen zu können. Das Unternehmen setzt daher seit Mitte der 90er-Jahre konsequent auf Kunden-Mehrwert in Form gezielter Beratungs- und Marketingunterstützung für seine Kernzielgruppe: die unabhängigen mittelständischen Augenoptiker.

Mit der vorliegenden, im August 2003 erstmals aufgelegten Leistungsbroschüre sollen den (bestehenden oder potenziellen) Kunden des Unternehmens die Leistungen von Rodenstock und die konkreten Vorteile einer Partnerschaft in ihrer Gesamtheit vor Augen geführt werden. Der einleitende, fest gebundene Unternehmensteil transportiert die »zeitlosen« Inhalte wie Unternehmensphilosophie,

Leistungsversprechen und Markenpositionierung. Lose beikonfektionierte Broschüren zu den Bereichen Brillengläser, Brillenfassungen und Services ergänzen diese Inhalte um »tagesaktuelle« Informationen und können je nach Bedarf ohne großen Produktionsaufwand einzeln überarbeitet oder ergänzt werden, so dass die Broschüre - bei vertretbaren Kosten - über mehrere Jahre hinweg aktuell bleibt. Ein ausklappbares Farbleitsystem auf der Einband-Innenseite ermöglicht dem Augenoptiker darüber hinaus das schnelle Auffinden von Themen, die für seinen Geschäftserfolg von Relevanz sind.¶

- Auftraggeber_Rodenstock GmbH, Marketing Intelligence & Communications¶
- Verantwortlich_Head of Trademarketing_Katja Hein¶
- Head of Public & Brand Communications_Holger Burkhardt¶
- Advertising & Exhibitions_Brigitte Neumeyr¶
- Agentur_Serviceplan Werbeagentur Erste Unit GmbH, München¶
- Verantwortlich_CD_Sabine Brugge (Serviceplan)¶
- (Kunden-)Beratung/Kontakt_Annette Wanner/Julia Fickenscher (Serviceplan)¶
- Text_Herbert Lechner, Marklkofen¶
- Fotografie/Illustration_Gisela Schenker Fotodesign/Thomas Koller Fotodesign, München¶
- Produktion/Satz/Grafik/Litho_Oestreicher + Wagner Medientechnik GmbH, München // Druck_Gerber GmbH Druck + Medien, Kirchheim¶
- Jurybegründung_»Das ganze Spektrum unserer Leistung« von Rodenstock: Wenn ein Schwarz-Weiß-Auftritt aus den Farben der Euro-Skala in der hier gezeigten Weise so brillant und perfekt produziert wird, verdient dies höchste Auszeichnung. Um die hier erbrachte Leistung entsprechend zu würdigen, empfiehlt die Jury, diese Arbeit als ein Beispiel der hohen Schule grafisch-technischer Leistung hervorzuheben. Kompliment an die Reproduktioner und Drucker.¶

DIPLOM_Grafik-Design→ Seite 138–139

Sportswear 04 | 05

Enthusiasm never stops

HEAD

-> KATEGORIE_KATALOGE FÜR WERBUNG
   UND VERKAUFSFÖRDERUNG_¶
¶
→ Titel_Einreichung_Händlerkatalog¶
→ Zielgruppe_Sport-Enthusiasten, die sich – egal auf welchem Niveau –
   in ihrem Sport verbessern wollen¶
→ Kommunikationsziel_Relaunch von Head Sportswear¶

→ Auftraggeber_HSW-HANSEATIC SPORTSWEAR GmbH¶
→ Verantwortlich_Brand Management_Frank Saeger¶
→ Agentur_Schindler, Parent & Cie. GmbH¶
→ Verantwortlich_CD_Jörg Bluhm¶
   ¶
   ¶

→ (Kunden-)Beratung/Kontakt_Michael Meier
→ Fotografie_Kai Krellenberg
→ Druck_Graphische Betriebe Eberl GmbH

→ Jurybegründung_Produktpräsentation über eine frische Illustrationslinie, die das Produkt bevorzugt und nicht den Träger. Die Illustration vermittelt – besser, als es die Fotografie vermag – Design und handwerkliche Details.

DIPLOM_Grafik-Design → Seite 140-141

-› KATEGORIE_KATALOGE FÜR WERBUNG
  UND VERKAUFSFÖRDERUNG_¶
¶
→ Titel_Einreichung_Linda Schwarz Ausstellungskatalog
  Visuelle Reflexionen zu Tilman Riemenschneider¶
→ Zielgruppe_Kunstinteressierte¶
→ Kommunikationsziel_Linda Schwarz ist eine Künstlerin, die ihren Schwerpunkt auf künstlerische Druckgrafiken gelegt hat. Das Konzept des Ausstellungskataloges bezieht sich auf die Thematik ihrer abgebildeten Arbeiten, in denen sie Werke des mittelalterlichen Künstlers Tilman Riemenschneider neu interpretiert. Das Konzept des Ausstellungskatalogs nimmt sowohl bibliophile wie moderne Aspekte auf und kombiniert sie miteinander. Leitthema des Konzeptes ist der Begriff »Serielle Unikate«. Das bedeutet, dass jedes Buch seriell hergestellt wurde und dennoch ein Unikat ist durch die angewandten Druckweiterverarbeitungen. Der Katalog wurde am Rücken offen gebunden und legt dadurch die buchbinderische Verarbeitung offen. Die Optik der Kataloginnenseiten geben die Anmutung von Büttenpapier wieder. Dieser Umgang mit Material entspricht der Arbeitsweise der Künstlerin und ihre Umgangsweise mit Papier.¶

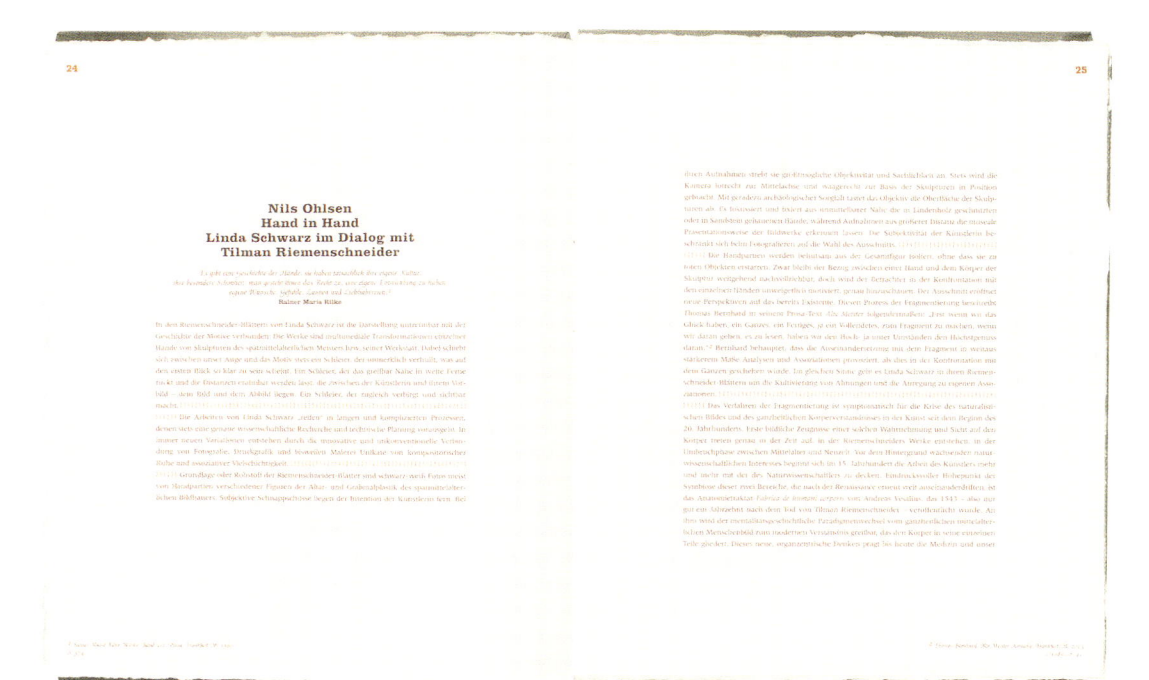

→ Auftraggeber_Linda Schwarz, Bad Homburg¶
→ Agentur_häfelinger+wagner design gmbh¶
→ Verantwortlich_CD_Frank Wagner¶
→ Design_Thomas Tscherter¶
→ Text_Nils Ohlsen, Claudia Lichte¶
→ (Kunden-)Beratung/Kontakt_Frank Wagner, Thomas Tscherter¶
→ Fotografie_Uwe Baur, Ulrich Kneise, Roman März, Bernd Kuhnert, Peter Neumann, Giacomo Oteri, Christian Schmid¶
→ Produktion/Satz_Thomas Tscherter, Günter Fidrich¶
→ Litho_raff digital, Riederich¶
→ Druck_FIBO Druck und Verlags GmbH, Neuried¶
→ Weiterverarbeitung_Buggermann & Wappes, Buchbindereien und Verlag, München/Stigler GmbH, Stanzerei, München¶
→ Jurybegründung_Ein Ausstellungskatalog, der ein traditionelles Thema interessant und wertig mit heutigen Mitteln präsentiert.¶

DIPLOM_Konzeption → Seite 142-143

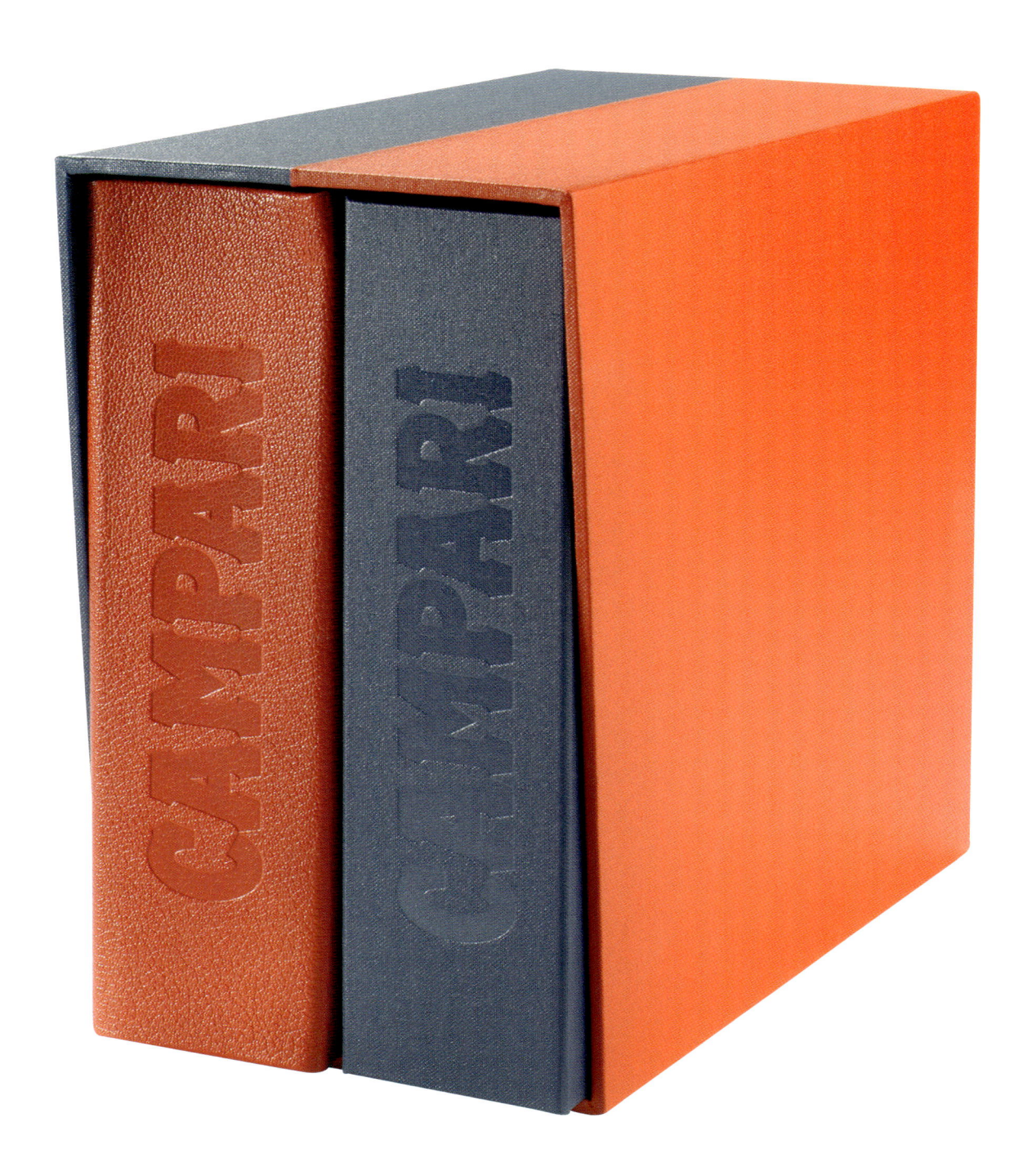

- → KATEGORIE_KATALOGE FÜR WERBUNG
  UND VERKAUFSFÖRDERUNG_¶
¶
- → Titel_Einreichung_Campari Red Passion Book¶
- → Zielgruppe_Lokale Markenverantwortliche, Geschäftsführer, Marketing-
  direktoren¶
- → Kommunikationsziel_Das Campari Red Passion Book wurde 2003 von
  Change Communication entwickelt und 2004 in einer Auflage von 500 Stück für
  den internationalen Einsatz produziert. Ziel des Buches war eine Belebung der
  Marketingaktivitäten in den wichtigsten Märkten, zum Beispiel in Deutschland.
  Faszination, Leidenschaft, Spontaneität – die Kernwerte der Marke Campari –
  anfassbar, erlebbar und zu einem sinnlichen Erlebnis zu machen, ist Aufgabe des
  roten Bands. Der blaue Band dagegen hat Handbuch-Charakter und vermittelt
  konkrete Ideen und Konzepte zur Inszenierung lokaler Campari-Aktivitäten.¶
- → Auftraggeber_Campari Deutschland GmbH/Campari International¶
- → Verantwortlich_Brand Management_Boris Bolz¶

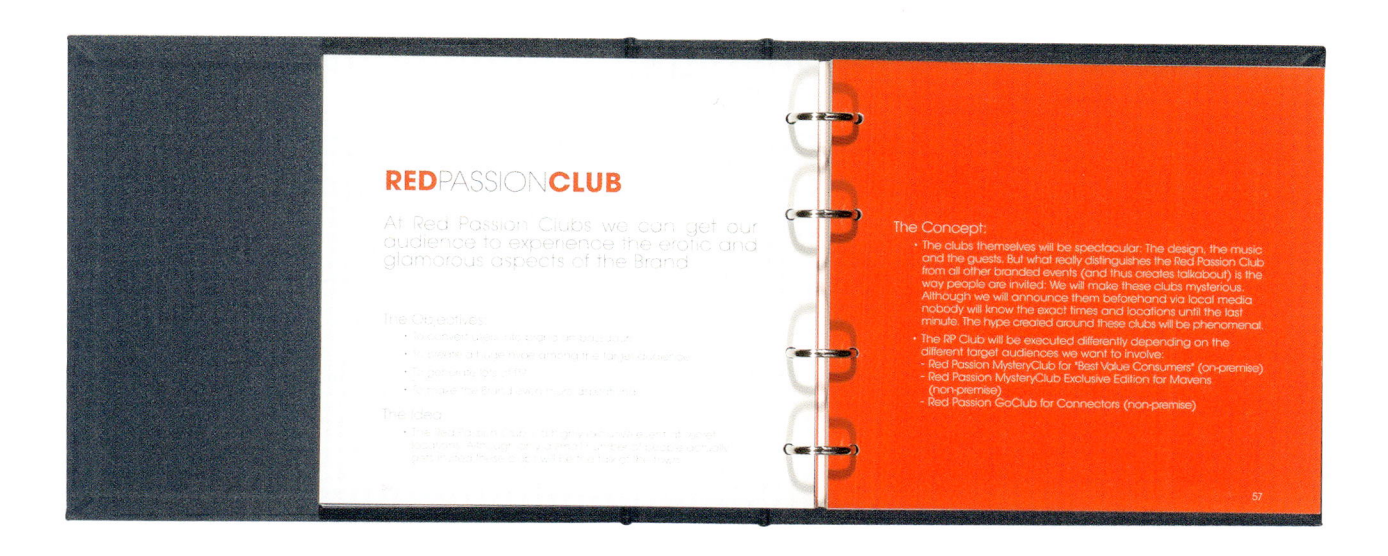

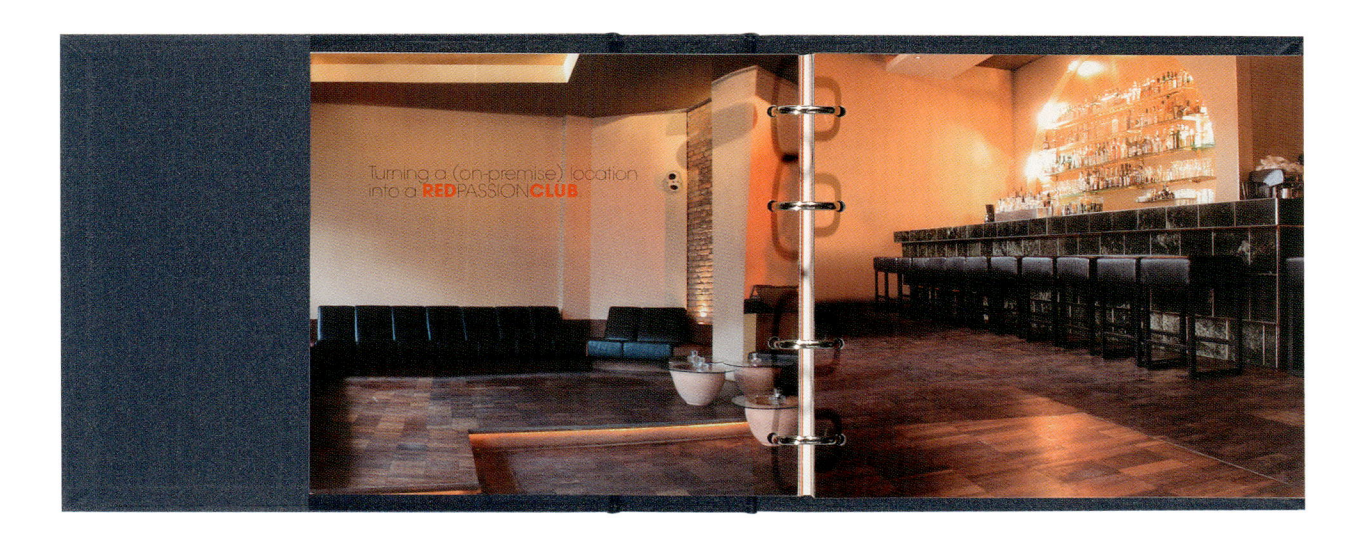

- > International Marketing Coordination_Umberto Luchini
- > Agentur_Change Communication GmbH (Lowe Communication Group)
- > Verantwortlich_CD_Julian Michalski
- > AD_Kersten Meyer
- > Text_Gunther Brodhecker
- > (Kunden-)Beratung/Kontakt_Alexander Schlaubitz, Fabio Rupe
- > Fotografie/Illustration_Stock Material
- > Produktion/Satz_Andreas Petry/Christian Krebs
- > Grafik/Litho_Change intern
- > Druck_W.B. Druckerei Hochheim
- > Weiterverarbeitung (Einband)_Buchbinderei Karen Begemann GmbH
- > Konfektionierung_Change intern
- > Jurybegründung_Die Geschichte einer Verführung: erotisch, inspirierend und selbstbestimmt. Eine Marke wird auf faszinierende Art und Weise fühl- und erlebbar gemacht.

-> KATEGORIE_KUNDENZEITSCHRIFTEN_

→ Titel_Einreichung_»214plus/215plus«, Kundenmagazin der Privatbank Sal. Oppenheim jr. & Cie.

→ Zielgruppe_Bestehende Kunden, potenzielle Kunden, Mitarbeiter

→ Kommunikationsziel_Sal. Oppenheim ist eine der führenden Privatbanken Europas. Der Schwerpunkt ihrer Tätigkeit liegt auf der Vermögensverwaltung und dem Investment Banking für vermögende Privatkunden und anspruchsvolle Firmenkunden. In Zeiten der Globalisierung und der zunehmenden Konzentration im Bankgewerbe benötigen vor allem Privatkunden mehr denn je einen verlässlichen Partner, der für Kontinuität steht und sich zugleich den Herausforderungen der heutigen Finanzwelt stellt. Ziel war es, ein hochwertiges, aufmerksamkeitsstarkes und unterhaltendes Magazin zu schaffen, welches dem anspruchsvollen Selbstverständnis des Hauses Sal. Oppenheim entspricht. Der Gestaltungsauftritt soll in unaufdringlicher Weise die bewusst gelebten Werte Tradition, Innovation und Exklusivität kommunizieren.

Die Themenbereiche Wirtschaft, Gesellschaft und Kultur repräsentieren die Haltung der Kölner Privatbankiers seit Gründung im Jahr 1789 – offen für neue Entwicklungen in Industrie und Wirtschaft, sensibel für gesellschaftspolitische Zusammenhänge, persönlich engagiert in vielen Bereichen der Kunst und Kultur.

→ Auftraggeber_Sal. Oppenheim jr. & Cie. KGaA
→ Verantwortlich_Projektleitung: Kerstin Switala
→ Redaktionsleitung_Ulrich Mattner, Kerstin Switala
→ Agentur_Simon & Goetz Design GmbH & Co. KG
→ Verantwortlich_AD_Bernd Vollmöller
→ Typografie_Bernd Vollmöller
→ Design_Bernd Vollmöller, Volker Weinmann
→ Kundenberatung_Iris Schneider
→ Produktion_Günter Malkmus
→ DTP_Ingo Berghoff-Flüel

→ Litho_DM-SERVICE Mahncke & Pollmeier GmbH & Co. KG
→ Druck_Schotte GmbH & Co. KG
→ Jurybegründung_Die sensible Gratwanderung zwischen konservativ Bewahrendem und modern Anmutendem ist hier perfekt umgesetzt. Die konservative Typografie und die moderne Illustration und Fotografie spiegeln die Qualität und den Anspruch des Bankhauses wider.

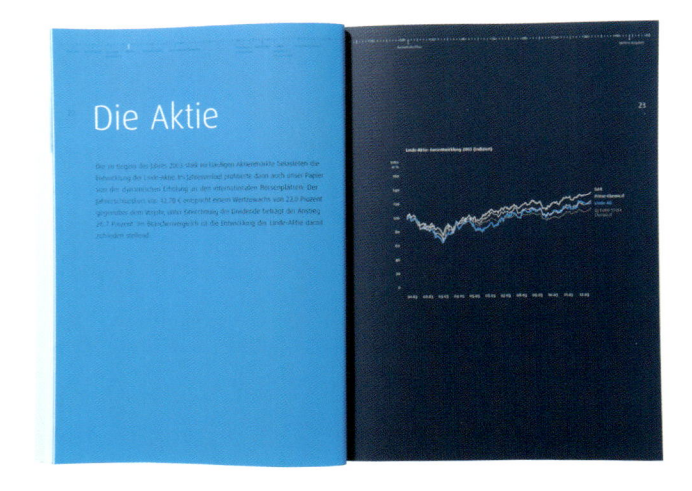

-> KATEGORIE_GESCHÄFTS- UND UMWELTBERICHTE_¶

¶

→ Titel_Einreichung_Linde Geschäftsbericht_2003/Morgen¶
→ Zielgruppe_Investor Relations_Aktionäre, Banken, Analysten; erweitert: Mitarbeiter und Meinungsbildner¶
→ Kommunikationsziel_Aufgabe_Nach der Etablierung der neuen Corporate Logic des Linde-Konzerns im Rahmen und mit Hilfe des Geschäftsberichtes 2002 galt es, die mit dem Begriff LeadIng. definierte Unternehmensstrategie – Erwerben der Marktführerschaft durch Technologieführerschaft – weiter zu untermauern. Linde sollte darin fortfahren, sich als integrierter Technologiekonzern zu verstehen und dies klar und deutlich nach außen kommunizieren. Namen, Anzahl und Ausrichtung der Unternehmensbereiche sollten dabei zweitrangig bleiben. Nicht, dass Linde Anlagenbau betreibt, Gase, Gabelstapler und Kältetechnik produziert, ist die spannende Botschaft; sondern, dass Linde mit diesem heterogenen Portofolio und einer klaren Konzernstrategie die Märkte von morgen bedient.¶

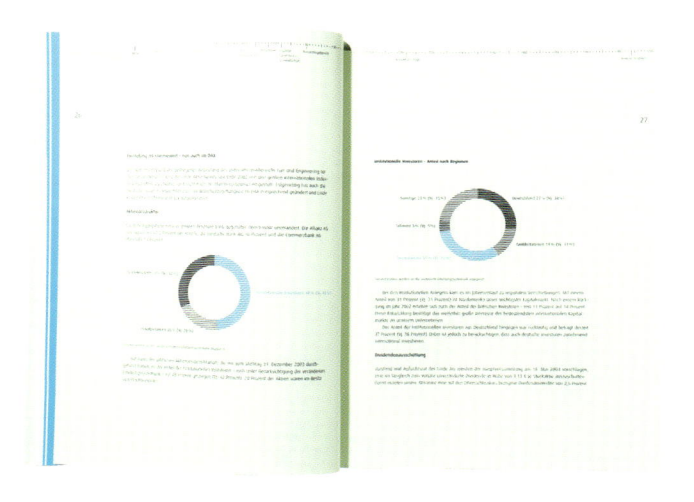

> Auftraggeber_Linde AG¶
> Verantwortlich_Leiter interne Kommunikation_Uwe Wolfinger¶
> Agentur_KW43 BRANDDESIGN¶
> CD_Gereon Sonntag // AD_Christian Vöttiner // JAD_Armin Hanke¶
> (Kunden-)Beratung/Kontakt_Alexandra Sobota (JAE), Michael Rewald (AS)¶
> Fotografie/Illustration_Stephan Schacher, Rüdiger Nehmzow¶
> Produktion/Satz_CPI, Düsseldorf¶

> Druck_Druckpartner Essen¶
> Jurybegründung_Das auf den ersten Blick selbstverständlich und einfach anmutende Werk, zeigt bei näherer Betrachtung die hohen Anforderungen an den Drucker. Über ein Umfangsvolumen von ca. 200 Seiten wurden der Fond und der Text in hervorragender Qualität produziert. Einen zweifarbigen Druck so sensibel und gleichmäßig auf das Konzept abgestimmt umzusetzen, ist nicht alltäglich und wird von der Jury deshalb als herausragend bewertet. Das verdient mehr als Anerkennung – ein Diplom für Druck.¶¬

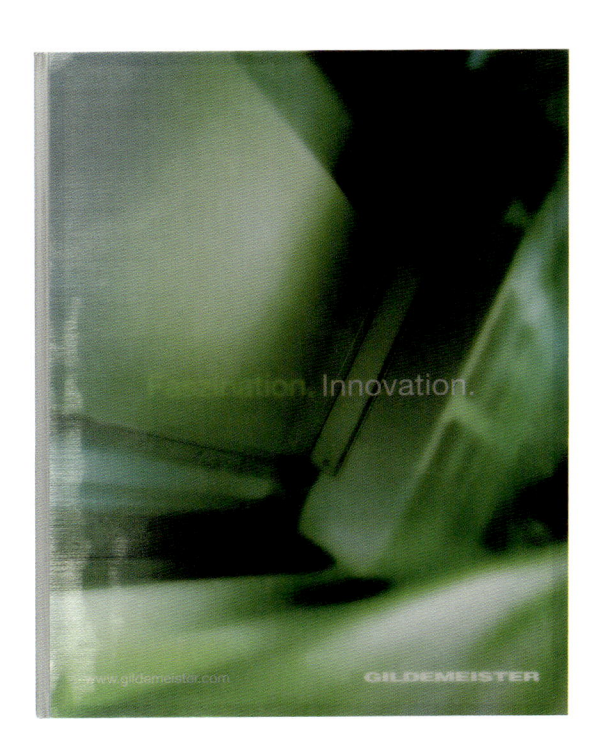

-> › KATEGORIE_GESCHÄFTS- UND UMWELTBERICHTE_¶

¶
→ Titel_Einreichung_Faszination Innovation¶
→ Zielgruppe_Aktionäre, Investoren und Interessenten¶
→ Kommunikationsziel_Für den GILDEMEISTER Konzern ist der Geschäftsbericht schon seit langem ein wichtiges Kommunikationsmittel und somit integraler Bestandteil im Kommunikationsmix des Unternehmens. Als bedeutender Imageträger und unverzichtbares Medium zur Information von Öffentlichkeit und Shareholdern wird natürlich auch der Gestaltung und der inhaltlichen Aufbereitung ein ganz besonderes Augenmerk geschenkt. Attraktivität, Einhaltung der Corporate-Design-Richtlinien und natürlich gesicherte und ausführliche Informationen – das sind die Kriterien bei der Konzeption und Realisierung. Der aktuelle Geschäftsbericht 2003 setzt auf »Faszination. Innovation.« als durchgängiges Key Wording/Claim. Mit diesem kurzen, akzentuierten Claim beschreibt GILDEMEISTER die Innovationsfreude sowie die Faszination, die von einem Geschäftskonzept, das auf innovativem Handeln beruht, ausgehen kann. Gleichzeitig assoziiert es die faszinierende Welt der Hightech-Maschinen, die der global agierende GILDEMEISTER Konzern seinen Kunden zur Verfügung stellt.

Klare textliche Aussagen, die neben der Innovations- auch die Problemlösungskompetenz des GILDEMEISTER Konzerns thematisieren, schaffen die Verbindung von der Image- zur Produktebene. Kurze, prägnante Texte gehen auf die Unternehmensphilosophie ebenso ein, wie sie relevante technologische Details der GILDEMEISTER Produktwelt beschreiben. Das Motto des Geschäftsberichts lautet Innovation als Ergebnis von Mut zur technologischen Grenzüberschreitung.

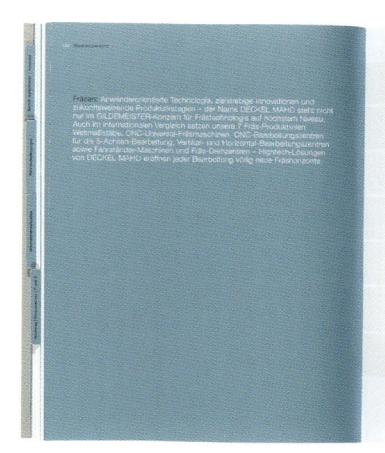

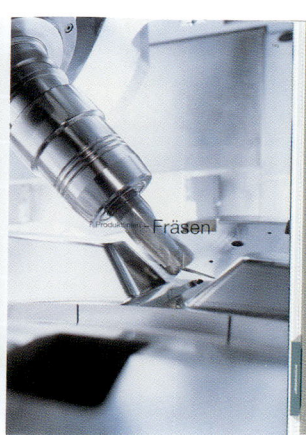

Bereits der Titel deutet es mit dem spannenden Kippbild an – einem Wechselspiel der Worte Faszination und Innovation: In spannenden Einzelaufnahmen und Bildstrecken wird die von der Innovation ausgehende Faszination dramatisiert und treffend visualisiert. Die Aufnahmen rücken Technologien in den Fokus, zeigen Details und thematisieren so auch den Begriff Präzision. Dabei wird aber immer darauf geachtet, dass bei aller Technologiefreude auch der unmittelbare Consumer Benefit klar sichtbar bleibt.¶

→ Auftraggeber_GILDEMEISTER AG¶
→ Verantwortlich_Tanja Figge, Leiterin Presse – Öffentlichkeitsarbeit¶
→ Agentur_Montfort Werbung GmbH¶
→ Verantwortlich_CD_Bernd Schuler¶
→ AD_Connie Kaufmann¶
→ Text_Montfort Werbung/GILDEMEISTER AG¶
→ (Kunden-)Beratung/Kontakt_Bernd Schuler¶
→ Fotografie/Illustration_Kuhnle & Knödler¶
→ Produktion/Satz_Conny Vigl, Connie Kaufmann¶
→ Grafik/Litho_Connie Kaufmann, Denis Velacher, Michael Fontain¶
→ Druck_Graphische Betriebe Eberl¶
→ Jurybegründung_In allen Details hervorragend gearbeitet: Holografie auf dem Vorderdeckel, Silberschnitt an Kopf und Fuß und eingearbeitete Register; teils in Japanbindung und mit Einschlagtafeln.¶

ANHANG

Register

Agenturen, Auftraggeber und sonstige Beteiligte

150°

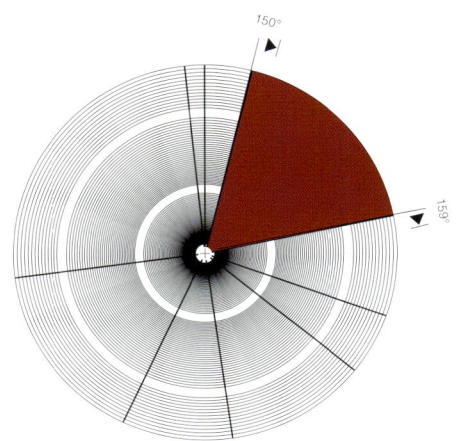

159°

Register

150

-› Sponsoren¬

¶

UPM_25, 49
Fedrigoni Deutschland_2, 49

¶

-› Auftraggeber¬

¶

adidas-Salomon AG, World of Sports_54, 108 f.
Aloys F. Dornbracht GmbH & Co. KG Armaturenfabrik_54, 112 f.
Augsburg_s. Stadt Augsburg
Bayerische Motoren Werke AG s. BMW
BMW AG_53, 54, 76 f., 98 f.
Bremen Marketing GmbH_55, 128 f.
Buchbinderei Burkhardt AG_s. Buchbindung
büro uebele visuelle kommunikation_s. Agenturen
Campari Deutschland GmbH_55, 142 f.
Campari International_55, 142 f.
COR Sitzmöbel Helmut Lübke GmbH & Co. KG_54, 90 f.
DaimlerChrysler AG_53, 54, 74 f., 78 f., 116 f.
Das Weinkontor e.K._54, 114 f.
Deutsche Lufthansa AG_53, 68 f.
Deutsche Unesco-Kommission_53, 64 f.
Eidgenössisches Departement für Verteidigung,
Bevölkerungsschutz und Sport, Bern_s. VBS
Erlus AG_55, 118 f.
Ernst, Christian_54, 96 f.
Fachhochschule Düsseldorf_55, 126 f.
Factor Design AG_s. Agenturen
FH Wiesbaden FB 05 Gestaltung_s. Agenturen
GfK AG_54, 104 f.
GILDEMEISTER AG_55, 148 f.
goool sportswear GmbH_54, 86 f.
Greenpeace Media AG_53, 54, 68 f., 96 f., 100 f., 102 f.
Hamburger Hochbahn AG_55, 130 f.
Hanseatic Sportswear GmbH_s. HSW
HSW_55, 138 f.
Kotulla, Dieter_54, 92 f.
Leonhardt & Kern, Uli Weber Werbeagentur GmbH_s. Agenturen
Linde AG_55, 146 f.
MAGMA [Büro für Gestaltung]_s. Agenturen
Ogilvy & Mather GmbH Werbeagentur_53, 80 f.
Papierfabrik Scheufelen GmbH + Co. KG_54, 55, 88 f., 120f.
Renault Nissan Deutschland AG_55, 134 f.

Rodenstock GmbH,
Marketing Intelligence & Communications_55, 136 f.
Sal. Oppenheim jr. & Cie. KGaA_55, 144 f.
schlott gruppe AG_54, 106 f.
Schwarz, Linda_55, 140 f.
Stadt Augsburg, Kulturreferat der_54, 84 f.
VBS_55, 124 f.
Verlag Hermann Schmidt Mainz
GmbH & Co.KG_53, 55, 62 f., 132 f.

¶

-› Agenturen¬

¶

ARTelier Reiss_50, 51, 54, 114 f.
Büro Hamburg JK. PW. Ges. f. Kommunikationsdesign GmbH_
50, 51, 53, 54, 68 f., 100 f., 102 f.
büro uebele visuelle kommunikation_50, 51, 55, 122 f.
Change Communication GmbH_50, 51, 55, 142 f.
Crosscom Group_50, 51, 55, 148 f.
Fachhochschule_s. FH
Factor Design AG_50, 51, 54, 84 f., 90 f., 94 f.
FH Düsseldorf FB Design_50, 51, 55, 126 f.
FH Wiesbaden FB 05 Gestaltung_50, 51, 53, 62 f.
häfelinger + wagner design gmbH_50, 51, 54, 108 f., 140 f.
Hesse Design GmbH_50, 51, 54, 56, 92 f.
Heye & Partner GmbH_50, 51, 53, 64 f.
Hoffmann und Campe Verlag GmbH, Corporate Publishing_
50, 51, 53, 54, 76 f., 98 f.
Jeanmaire & Michel AG,
Kommunikations- und Werbeagentur_50, 51, 55, 124 f.
jung und pfeffer: visuelle kommunikation_50, 51, 55, 128 f.
KW43 BRANDDESIGN_50, 51, 55, 146 f.
Leonhardt & Kern, Uli Weber Werbeagentur GmbH_
50, 51, 53, 55, 60 f., 118 f.
Lorenz Löbermann:elementare kommunikation_50, 51, 53, 72 f.,
M.E.C.H. McCann Erickson Communications House Berlin_
50, 51, 53, 66 f.
MAGMA [Büro für Gestaltung]_50, 51, 54, 96 f.
Maxbauer und Maxbauer_55, 132 f.
Meiré und Meiré AG_50, 51, 54, 112 f.
Montfort Werbung GmbH s. Crosscom Group
Nordpol + Hamburg Agentur für Kommunikation GmbH_
50, 51, 54, 86 f.
PUBLICIS Frankfurt GmbH_50, 51, 55, 134 f.

Scheufele Kommunikationsagentur GmbH_50, 51, 54, 104 f.
Schindler, Parent & Cie. GmbH_50, 51, 55, 138 f.
Serviceplan Werbeagentur Erste Unit GmbH_50, 51, 55, 136 f.
Simon & Goetz Design GmbH & Co. KG_50, 51, 55, 144 f.
strichpunkt agentur für visuelle kommunikation GmbH_
2, 50, 51, 54, 55, 88 f., 106 f., 116 f., 132 f.
TC GRUPPE GmbH Target Communications_
50, 51, 53, 74 f., 78 f.
Tillmanns, Ogilvy & Mather GmbH & Co. KG_50, 51, 53, 80 f.
UMPR Ute Middelmann Public Relations GmbH_
50, 51, 55, 130 f.
united ideas, Agentur für Kommunikation_50, 51, 55, 120 f.

-› Druck¬

ASCO STURM dRUCK GmbH_51, 129
B.O.S.S Druck und Medien GmbH_2, 21, 49
Bitsch GmbH & Co. KG_133
Bonifatius Druck_127
ColorDruck GmbH_19, 75
DCM Druck-Center Meckenheim_93
Druckerei Aumeier GmbH_109
Druckerei K. Koch_56
Druckerei Schmerbeck_115
Druckhaus Thomas Müntzer_77
Druckvogt GmbH_56
Engelhardt & Bauer_89
FIBO Druck und Verlags GmbH_141
Find Druck und Design AG_119
Gerber GmbH Druck + Medien_137
Grafische Betriebe Eberl GmbH_139, 149
Hans Christians Druckerei und Verlag GmbH & Co.KG_87
Heer Druck AG, CH-Sulgen_73
Johler Druck_69, 101, 103
Kastner & Callwey_77
Kunst- und Werbedruck GmbH & Co._90
Leibfarth & Schwarz_123
Meinders + Elstermann GmbH & Co.KG_113
Partner Werbung und Druck_131
Raff GmbH_121
sachsendruck_107
Schotte GmbH & Co. KG_145
SR-Druck Scharbhorst & Reincke GmbH_94

Universitätsdruckerei H. Schmidt Mainz_133
Verlagsgruppe Weltbild_85
W. Gassmann AG_51
W.B. Druckerei Hochheim_143
W.Kohlhammer Druckerei GmbH & Co._79

-› Buchbindung/Weiterverarbeitung¬

Bölling Prägedruck_63, 133
Bome Papierverarbeitung_121
Buchbinderei Burkhardt AG_51, 53, 72 f.
Buchbinderei Gehring_63
Buchbinderei Karen Begemann GmbH_143
Buggermann & Wappes, Buchbinderei und Verlag_141
DIV Vogl GmbH_57
Druckhaus Thomas Müntzer_77
Heimerdinger Buchbinderei_119
Mediahaus Biering GmbH_105
Oskar Imberger + Söhne GmbH_119, 121
Rieker Druckveredelung GmbH & Co. KG_121
Riethmüller GmbH_123
Stigler GmbH_141

-› Fotografie/Illustration¬

Altenkirch, Dirk_123
Baur, Uwe_141
Bertrams, Lothar_123
Da Silva, Alciro Theodoro_87
Die Arge Lola_107
Digitalfoto Jochen Schreiner_2, 49
Düttmann, Uwe_77
Ernst, Christian_s. Auftraggeber
Fotostudio Horster Mühle_56
Gaukler Studios_75
Gaupp, Anselm_90
Gefeller, Andreas_90
Gisela Schenker Fotodesign_137
Gundlach, Kai-Uwe_77
Hannappel, Werner_85
Hartmann, Achim_79
Hils, Claudio_123
Hornischer, Annette_105

Huthmacher, Werner_123
Hüttermann, Norbert_135
Isemann, Bernd_79
Keller, Andreas_123
Kneise, Ulrich_141
Knop, Julia_90
Körner, Andreas_123
Kornstaedt, Jan_99, 101, 103
Krellenberg, Kai_139
Kuhnert, Bernd_141
Kuhnle & Knödler_149
Lambert, Lin_90
Lange, Patrice_85
Laube, Hartmut_73
Lübke, Michael_127
März, Roman_141
Nehmzow, Rüdiger_147
Neumann, Peter_141
Ochs, Benne_85
Oteri, Giacomo_141
Richters, Christian_123
Schacher, Michael_147
Schäuble, Martin_79
Schlemmer, Matthias_121
Schmid, Christian_141
Seehuber, Hartmut_119
Staud, René_79
Steinhilber, Jan_89, 117
Strandperle Medienservices_119
Thomas Koller Fotodesign_137
Toffi, Jacques_79
Typoholics_103
Wember, Martina_85
Widmann, Bernhard_123

→ Lithografie/Reproduktion/Satz¬

2Mb_115
alphabeta_90
Bucher+Eicher Digital_123
C+S Repro_123
DM-SERVICE Mahncke & Pollmeier GmbH & Co. KG_145
eder GmbH Medienmanagement_75, 79
Einsatz Creative Production_94
Factory 7 Prepress & Premedia GmbH_75, 79, 117
Krause, Henning_113
Mainteam GmbH_105
Mirgel + Schneider Medienmanagement GmbH_2, 29, 49
NovaConcept_123
Oestreicher + Wagner Medientechnik GmbH_137
Offizin Haag-Drugulin Grafischer Betrieb_133
PX 3_77
raff digital_141
Reprostudio Beckmann_85
Typosatz Bauer_117
Undercover_119
W & Co. Mediaservices Hamburg GmbH + Co.KG _
69, 101, 103

→ Namen¬

2Mb_s. Grafik/ Litho
AdFinder GmbH_57
Albert, Sigrun_90
Allianz Deutscher Designer_56
alphabeta_s. Litho
Altenkirch, Dirk_s. Fotografie/ Illustration
Anacker, Pedro_3, 8, 38 ff.
Asbrand, Silke_105
ASCO STURM dRUCK GmbH_s. Druck
Bartels, Ingmar_86
Bauer, Jörg_60
Baumhögger, Verena_90
Baur, Uwe_s. Fotografie
Berg, Frauke_81
Berghoff-Flüel, Ingo_145
Bertrams, Lothar_s. Fotografie/ Illustration
Bielefeldt, Christoph_87
Bingel, Odo-Ekke_2
Bitsch GmbH & Co. KG_s. Druck
Blaum, Jeanette_79
Bluhm, Jörg_138
Blumer, Jacques_122
Böhm, Karl_117
Bölling Prägedruck_s. Buchbindung
Bolz, Boris_142
Bome Papierverarbeitung_s. Buchbindung
Bonifatius Druck_s. Druck
B.O.S.S Druck und Medien GmbH_s. Druck
Briegleb, Till_90

Brodhecker, Gunther_143
Brodnik, Steve_56
Brommer, Stefan_75, 117
Brugge, Sabine_137
Bruning, Hendrik_127
Brunner, Katja_81
Buch, Simone_81
Buchbinderei Burkhardt AG_s. Buchbindung
Buchbinderei Gehring_s. Buchbindung
Buchbinderei Karen Begemann GmbH_s. Buchbindung
Bucher+Eicher Digital_s. Litho
Buchner, Ottward_109
Buggermann & Wappes, Buchbindereien und Verlag _ s. Buchbindung
Bundesverband Druck und Medien_s. bvdm
Burkhardt, Hans_72
Burkhardt, Holger_137
bvdm_8, 10 ff.
C+S Repro_s. Litho
Canon Deutschland GmbH_14 f.
Christ, Felix_124
Christmann, Birgit_131
ColorDruck GmbH_s. Druck
CPI_s. Satz
Crämer, Christian_75, 79
Crasemann, Reinhard_64
Cremer, Michael_56
Da Silva, Alciro Theodoro_s. Fotografie
Davis Jr., David E._77
DCM Druck-Center Meckenheim_s. Druck
Dean, Sonia_75, 79
Deeg, Daniela_75
Dejung, Georg_63
Der Senator für Kultur_129
Die Arge Lola_s. Fotografie
Dietz, Kirsten_89, 107, 117, 133
Direktion für Sicherheitspolitik, Bern_124
DIV Vogl GmbH_s. Buchbindung
DM-SERVICE Mahncke & Pollmeier GmbH & Co. KG_s. Litho
Döbeli, Regula_125
Dr. Haffa und Partner Public Relations_8, 44
Drechsler, Sabine_76, 99
Dreyer, Margret_56
Druckerei Aumeier GmbH_s. Druck
Druckerei K. Koch_ s. Druck

Druckerei Schmerbeck_s. Druck
Druckhaus Thomas Müntzer_s. Druck/Buchbindung
Druckpartner Essen_s. Druck
Druckvogt GmbH_s. Druck
Düllo, Thomas_90
Düttmann, Uwe_s. Fotografie/Illustration
e.on AG_56
Eckerskorn, Stephanie_113
Edelmann, Thomas_113
eder GmbH Medienmanagement_s. Litho
Edgar Medien AG_3, 8, 38 ff.
Einsatz Creative Production_s. Litho
Ellhof, Jörg_135
Engelbrecht, Imke_129
Engelhard, Hans-Diether_78
Engelhardt & Bauer_s. Druck
Erlebach, Jürgen_56
Erler, Johannes_82 f., 84, 92 f., 94
Ernst, Christian_s. Auftraggeber
EURO RSCG_56/57
Factory 7 Prepress & Premedia GmbH_s. Litho
Fedrigoni Deutschland_s. Sponsoren
Fein, Christoph_56
FIBO Druck und Verlags GmbH_s. Druck
Fickenscher, Julia_137
Fidrich, Günter_141
Figge, Tanja_149
Find Druck und Design AG_s. Druck
Finkenbeiner, Anna-Lena_92
Fippiger, Olaf_85
Fischer, Heinz_56
Flettner, Klaus_6 f.
Fontain, Michael_149
Forum Wertvolle Kommunikation_8, 18
Fössel, Katja_113
Fotostudio Horster Mühle s. Fotografie
Franke, Niklas_87
Freiherr, Michael_81
Freitag, Thomas_72
Frohman, Jesse_s. Fotografie
Fuchs, Ulrich_129
Gaertner, Flo_97
Galia, Dirk_135
Gass, Rémy_89
Gaukler Studios_s. Fotografie

Gaupp, Anselm_s. Fotografie
Gauselmann AG_56
Gebert, Alfred_90
Gefeller, Andreas_s. Fotografie
Geib, Anja_75, 79
Geisert, Lutz_60
Gerber GmbH Druck + Medien_s. Druck
Gernhard, Robert_90
Gervink, Renate_3, 8, 30 ff.
Gialouris, Alexander_127
Gigl, Sabine_76, 99
Gisela Schenker Fotodesign_s. Fotografie
Glanz, Irmgard_89
Görzel, Peter_67
Grafische Betriebe Eberl_s. Druck
Grieshaber, Judith M._121
Grubinger, Judith_99
Gundlach, Kai-Uwe_s. Fotografie/Illustration
Günzler, Susanne_60
Haack, Sabine_129
Hack, Uwe_106
Hackenberg, Heide_56
Haffa & Partner_s. Dr. Haffa und Partner
Haffa, Annegret_3, 8, 44 ff.
Hägele, Diana_99
Hanke, Armin_147
Hannappel, Werner J._s. Fotografie/Illustration
Hans Christians Druckerei und Verlag GmbH & Co. KG_ s. Druck
Harmsen, Lars_94 f., 96
Hartmann, Achim_s. Fotografie
Hauck, Michaela_90
Heckel, Hanspeter_56
Heer Druck AG, CH-Sulgen_s. Litho/Druck
Heilemann, Kristoffer_87
Heimerdinger Buchbinderei_s. Buchbindung
Hein, Katja_137
Heizmann, Monika_121
Heller, Martin_129
Hess, Robert_56
Hesse Design GmbH_s. Agenturen
Hesse, Christine_56
Hesse, Klaus_92
Heßler, Peter_56
Hetzinger, Birger_89

Hiller, Norbert _107
Hils, Claudio_s. Fotografie/ Illustration
Hitze, Nina_63
Hochschule für Gestaltung Offenbach_57
Höft, Thomas_82, 84
Höpfer, Jasmin_79
Höpfner, Ralf_64
Horn, Birgit_121
Horn, Irene_121
Hornischer, Annette_s. Fotografie/ Illustration
Hustinx, Leon_78
Huthmacher, Werner_s. Fotografie/ Illustration
Hüttermann, Norbert _s. Fotografie
Industrieberatung Wolfgang Schubert_57
Isemann, Bernd_s. Fotografie
Jäggi, Martin_129
Janik, Adelgund_109
Jeanmaire, Jacqueline_125
Johler Druck GmbH_s. Druck
Joost-Krüger, Jens_129
Jung Produktion_127
Jütte, Thomas_56
Jütte/Berger/Stawicki WA GWA_56
Kahl, Boris_97
Kastner & Callwey_s. Druck
Kaufmann, Christine_90
Kaufmann, Connie_149
Kausche, Caroline_135
Keller, Andreas_s. Fotografie/ Illustration
Kimura, Yoshihiro_77
Kirschenhofer, Bertrand_86
Klages, Jan_56
Kleinebrecht, Katja_69
Knaub, Eugenia_63
Kneise, Ulrich_s. Fotografie
Knop, Julia_s. Fotografie
Knoth, Bettina_127
Koch, Karlheinz_56
Kohlenberger, Eric_135
Kohnle, Jeannette_89, 107, 117
Koller, Al_121
Kommunikationsverband e.V._2, 6, 49
Korfmacher, Wilfried_122, 126
Korn, Lothar_75, 117
Körner, Andreas_s. Fotografie/ Illustration

Kornstaedt, Jan_s. Fotografie
Krause, Anja_129
Krause, Hans-Joachim_126
Krause, Henning_s. Litho
Krebs, Christian_143
Krellenberg, Kai_s. Fotografie
Kremer, Markus_127
Krestel, Heike_119
Krisztian, Gregor_62 f.
Krönfeld, Marco_77, 99
Kröplien, Manfred_121
Kruse, Jan_90
Kuhn, Kammann & Kuhn AG_56
Kuhn, Klaus_56
Kühne, Willi_86
Kuhnert, Bernd_s. Fotografie
Kuhnle & Knödler_s. Fotografie/Illustration
Kunst- und Werbedruck GmbH & Co._s. Druck
Kunze, Heinz Rudolf_90
L&P Lanzilotta GmbH_127
Laakmann, Kai_77, 99
Lambert, Lin_s. Fotografie
Landgrebe, Gudrun_90
Lange, Patrice_s. Fotografie/ Illustration
Laube, Birgit_2, 3, 8, 22 ff.
Laube, Hartmut_s. Fotografie
Lechner, Herbert_137
Leesch, Kerstin_68, 100, 102
Lehmann, Bettina_79
Leibfarth & Schwarz_s. Druck
Leonhard, Lothar_80
Letter Partners_127
Lichte, Claudia_141
Linke, Dirk_77, 99
Loesch, Uwe_122
Looß, Charlotte Brigitte_108
Losenicky, Susanne_135
Lowe GGK_58
Lübke, Helmut_90
Lübke, Michael_s. Fotografie
Luchini, Umberto_143
Lüderitz & Bauer GmbH_57
Lux, Susanne_109
Mainteam GmbH_s. Litho
Malkmus, Günter_145

Malsy, Victor_126
März, Roman_s. Fotografie
Mattner, Ulrich_145
Maxbauer, Andreas_133
Maxbauer, Regina_133
Mediahaus Biering GmbH_s. Druck/Buchbindung
Medienservice Peter Reichard_105
Meier, Michael_139
Meinders + Elstermann GmbH & Co.KG_s. Druck
Meinl, Gabriele_75
Meir, Gerhard_90
Meiré, Mike_113
Mengedoth, Nils_127
MERZ Werbeagentur GmbH_56
Merz, Uwe_135
Meyer, Kersten_143
Meyer, Thomas_127
Michalski, Julian_143
Michel, Stephan_125
Middelmann, Ute_131
Milicevic, Ivona_119
Million, Bianka_89
Mirgel + Schneider_s. Litho
Müller, Thorsten_67
MXM Digital Service_s. Litho
Nehmzow, Rüdiger_s. Fotografie
Neumann, Peter_s. Fotografie
Neumeyr, Brigitte_137
Nguyen, Duc_67
Nitsch, Katharina_129
NovaConcept_s. Litho
Novotny, Jindrich_82, 84
Ochs, Benne_s. Fotografie/ Illustration
Oestreicher + Wagner Medientechnik GmbH_s. Litho
Offizin Haag-Drugulin Grafischer Betrieb_s. Satz
Ohlsen, Nils_141
Oskar Imberger + Söhne GmbH_s. Buchbindung
Oteri, Giacomo_s. Fotografie
Ott, Sandra_63
Partner Werbung und Druck_s. Druck
Pelikan Vertriebsgesellschaft_56
Perlitschke, Katrin_81
Peters, Wolfgang_77
Petry, Andreas_143
Pfannmüller, Günter_56

Pfeffer, Florian_129
Pfundtner, Hans-Dieter_117
PHCC Peter Heßler Agentur für Corporate Communication_56
Philippi, Maximillian_112
Picareta, Paula_75
Pole Position Reports_8, 34
Postbank Zentrale_56
Pötschke, Ulrike_56/57
pr+co._107
Publicis PR GmbH_57
Puck, Karin_129
PX 3_s. Litho
Rädeker, Jochen_89, 107, 117, 133
raff digital_s. Litho
Raff GmbH_s. Druck
Ramsey, Bill_90
Rapp, Eberhard_119
Rehling Graphischer Betrieb GmbH_57
Rehling, Bernd_57
Rehm, Alexander_67
Reiss, Martin_115
Rentz, Carola_127
Reprostudio Beckmann_s. Litho
Rewald, Michael_147
Richters, Christian_s. Fotografie/ Illustration
Rieken, Torsten_67
Rieker Druckveredelung GmbH & Co. KG_s. Buchbindung
Riethmüller GmbH_s. Buchbindung
Rimmelpacher, Andreas_109
Ripper, Peter_105
Röder, Marc_119
Rögener, Stefan_57
Rohrer, Regina_99
Rong, Ren_48
Rose, Bernd_106
Rosenow, Bettina_69, 100, 102
Rosenthal AG_57
Röthlingshöfer, Bernd_3, 8, 26 ff.
Ruffing, Sandra_115
Rühmann, Lars_86
Rupe, Fabio_143
S&W Werbeagentur BSW_57
sachsendruck_s. Druck
Saeger, Frank_138
Sander, Karin_122

Sarapina, Victoria_63
Sasmaz, Candan_64
Sausmikat, Stefanie_92
Schacher, Michael_s. Fotografie
Schäuble, Martin_s. Fotografie
Schenk, Katharina_129
Schildt, Jochen_68, 100, 102
Schilling, Gert_119
Schlaubitz, Alexander_143
Schlemmer, Matthias_s. Fotografie
Schmid, Christian_s. Fotografie
Schmidt-Friderichs, Bertram_132
Schmidt-Friderichs, Karin_132
Schneider, Iris_145
Schneider, Sonja_99
Schöfthaler, Traugott_64
Schöneberg, Ulrike_105
Schotte GmbH & Co. KG_s. Druck
Schreiber, Gunther_86
Schubert, Wolfgang_57
Schuhmacher, Th._78
Schuler, Bernd_149
Schumacher, Frank_57
Seehuber, Hartmut_s. Fotografie
Semmelmann, Max_118
Senator für_s. Der Senator für ...
Sieger Design_113
Sigg, Oswald 124
Skoluda, Anna Clea_77
Smidt, Jochen_80
Sobota, Alexandra_147
Sondergeld, Klaus_129
Sonntag, Gereon_147
Sparkasse KölnBonn_33, 56
SR-Druck Scharnhorst & Reincke GmbH_s. Druck
Staud, René_s. Fotografie
Stein, Olaf_90
Steiner, Dietmar_90
Steinhilber, Jan_s. Fotografie
Stigler GmbH_s. Buchbindung
Stöckel, Frank_95
Stoye, Sabine_127
Stracke, Inga_3, 8, 34 ff.
Strandperle Medienservices_s. Fotografie
Stroth, Sonja_90

Struck, Holger_112
Struve, Benita_67
Strüve, Berthold_90
Studio Pfannmüller_56
Stüssi-Lauterburg, Jürg_125
Sunderdiek, Nicola_105
Switala, Kerstin_145
Teufel, Philipp_126
Theuner, Michael_64
Thilo, Christiane_67
Thomas Koller Fotodesign_s. Fotografie
Toffi, Jacques_s. Fotografie
Tönsmann, Christian_82, 84, 92 f., 94
Tscherter, Thomas_141
Typoholics_s. Illustration
Typosatz Bauer_s. Litho
Uebele, Andreas_122 f.
Uhle, Till K._57
Ullmann, Dieter_3, 8, 9, 10 ff.
Undercover_s. Satz
Universitätsdruckerei H. Schmidt Mainz_s. Druck
UPM_s. Sponsoren
van den Berg, Beate_67
Varus Verlag_2, 8, 22
Velacher, Denis_149
Verlagsgruppe Weltbild_s. Druck
Vieser, Annette_60
Vigl, Conny_149
Vogel, Simone_117
Vogl, Franz-Rudolf_57
Vogt, Martina_126
Völker, Herbert_77
Vollmöller, Bernd_145
von Bassewitz, Susanne_56
von Hellberg, Katharina_109
Vöttiner, Christian_147
W & Co. Mediaservices Hamburg GmbH + Co. KG_s. Litho
w&v_56
W. Kohlhammer Druckerei GmbH & Co._s. Druck
W.B. Druckerei Hochheim_s. Druck
Waclawczyk, Ingo_135
Wagner, Frank_109
Wagner, Frank_141
Wallrabenstein, Axel_57
Walter, Gernot_107

Walz, Marco_107
Wanner, Annette_137
Weber, Andreas_3, 8, 16 ff.
Weber, Uli_60, 118
Wegerich Public Relations_38, 43
Wegerich, Sven_38 ff.
Weidemeyer, Kerstin_109
Weinmann, Volker_145
Weiß, Ulrich_94 f., 96
Wellbrock, Harald_126
Welti, Philippe_125
Wember, Martina_s. Fotografie/Illustration
Widmaier, Felix_117
Widmann, Bernhard_s. Fotografie/Illustration
Wiezel, Urs_57
Willenbrock, Harald_90
Willms, Nadine_127
Wolff, Markus_90
Wolfinger, Uwe_147
Würtz, Dirk_115
Wynistorf, Werner_57
Zehender, Stephanie_107
Ziegler, Jörg_57
Zuber, Anne_90